# 한자의 이해

이경규 편저

제이앤씨
Publishing Company

# 머리말

많은 사람들이 한자는 어렵고 재미가 없다고 말합니다. 고교생들에게 과목의 선호도를 조사해 보아도 漢文(한문)은 항상 맨 뒤에 있는 과목들 중 하나입니다. 그런데 우리나라 말의 70% 이상이 漢字語(한자어)로 되어 있다는 사실 역시 모든 사람들이 잘 알고 있습니다. 이렇게 재미도 없고 관심도 없는 한자를 우리는 자신도 모르게 일상생활에서 늘 사용하고 있습니다. 예를 들면 학교, 정치, 사회, 회사, 취직 등 모두 한자어로 된 말들입니다.

그렇다면 우리는 매일 사용하는 한자어의 정확한 의미를 알고 사용하고 있는 것일까요? 제가 이 책을 구상하게 된 동기와 고민은 바로 여기에 있습니다. 필자는 春川(춘천)에 살고 있습니다. 다 알다시피 春川(춘천)이란 지명의 의미는 봄 春(춘)자와 내 川(천)자입니다. 즉 봄이 되면 냇물이 흐르는 곳이지요. 이는 다른 말로 하면 겨울에 강물이 모두 얼 정도로 추운 곳이라는 의미입니다. 만약 우리가 한자를 잘 이해한다면 바로 한자에서 이런 의미를 알 수 있어야 합니다. 같은 예로 大田(대전)은 큰 밭들이 많아서 농산물이 풍부해 교통이 그리 발달하지 않았던 시절에는 모든 농산물의 집산지였습니다.

문제는 이런 한자의 의미를 어떻게 하면 알기 쉽게 풀어서 설명할 것인가 하는 것입니다. 다 알다시피 漢字(한자)는 表意文字(표의문자)입니다. 즉 한자 자체만 보아도 그 의미를 알 수 있어야 한다는 말입니다. 그러나 이는 한자가 생긴 초창기에나 적용되는 말이고 지금은 수천 년을 거치면서 복잡하고 다양하게 漢字(한자)의 모습이 변해 그 의미를 직관적으로 알 수 없게 되었습니다. 그래서 평생 한자를 공부한 사람으로서 이런 고민과 궁금증을 다소 쉽게 안내해 보려합니다.

본서는 漢字(한자)를 가급적 간단한 그림으로 표현하여 그 한자의 초기 모습을 통해 직관적인 의미를 파악하는데 중점을 두어 우리가 일상생활에서 사용하는 한자어와의 거리를 최대한 줄이고 특히 우리나라에서 가장 권위가 있는 한국어문회에서 시행하는 한자능력급수시험에 수록된 한자 급수자료에 의거하여 해당 한자의 난이도를 기록하였음을 밝힙니다. 이렇게 한 이유는 난이도 표기를 통해 학생들이 한자를 학습하는데 학습상 도움을 주고 싶고, 한자를 직관적으로 이해하여 한자의 의미와 자형에 대한 연상과 상상을 통해 낯선 한자의 의미를 파악하는 능력을 갖추기를 소망해 봅니다.

이 원고가 책으로 나오기까지 많은 분들의 도움이 있었습니다. 이 책의 출판을 기꺼이 허락해주신 제이앤씨 출판사 윤석현 사장님과 직원 분들에게 진심어린 감사의 말씀을 전합니다.

편저 이경규

# 차 례

한자의 이해

第一課

# 머리 1

 **生活漢字**

---

**大韓民國 行政區域**

江原道　京畿道　慶尙道　全羅道　忠淸道　濟州道　平安道　咸鏡道
黃海道　春川　水原　安東　昌原　全州　務安　淸州　洪城　濟州　平壤
仁川　大邱　光州　大田　釜山

---

본 과에서는 사람의 머리와 관련된 부수의 한자를 배워봅시다. 사람의 머리와 얼굴에 있는 글자 중 기본적인 부수는 首(머리 수), 頁(머리 혈), 面(낯 면), 目(눈 목), 耳(귀 이), 口(입 구), 自(스스로 자) 등이 있습니다.

**首**

머리 **수**

首(머리 수 ; 首 – 총 9획)

**자형해설** 갑골문의 首(수)자는 머리 형상이다. 그러나 사람의 머리 같지는 않고 짐승의 머리 같다. 머리칼과 코가 있는 모습이다. 金文(금문)은 "한쪽 눈과 머리칼을 사용해 머리 부분을 문자부호처럼 표시했다.

**상관어휘** 首腦(수뇌)  首領(수령)

**난 이 도** 한자능력검정시험 읽기 5급 쓰기 4급

---

**道**

길 **도**

道(길 도 ; 辶 – 총 13획)

**자형해설** 교육부가 정한 기본 한자 중에 머리 首(수)자가 들어가는 한자는 道(도)자가 유일하다. 道(도)자는 導(이끌 도)자의 본래 자다. 道(도)자의 걸을 辶(착)자는 "가다"라는 의미로 도로를 의미한다. 중간의 首(수)자는 두령(頭領)의 뜻이다. 즉 머리로 상징되는 사람이 길을 가는 모습이다. 따라서 본의는 "인도하다"이다.

**상관어휘** 道路(도로)  江原道(강원도)

**난 이 도** 한자능력검정시험 읽기 4급 쓰기 4급

## 縣
**매달 현**

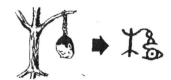

縣(매달 현 ; 糸 – 총 16획)

---

**자형해설** 縣(매달 현)자는 사람 머리를 줄로 묶어 나무에 매달아 놓은 모습이다. 글자를 자세히 보면 왼쪽 절반은 머리 首(수)를 거꾸로 세워 놓은 모습이다. 즉 나무에 줄을 매어 죄수의 자른 머리를 거꾸로 매달아 놓은 엽기적인 글자다. 원래 縣(현)은 懸(매달 현)의 본래 글자로 의미는 "매달다"이다. 나중에 행정 단위의 명칭이 되었다.

**상관어휘** 懸賞金(현상금)  古縣(고현)

**난이도** 한자능력검정시험 읽기 2급 쓰기 2급

---

## 頁
**머리 혈**

頁(머리 혈 ; 頁 – 총 9획)

---

**자형해설** 頁(혈)자의 본의는 머리다. 『說文(설문)』에 "혈은 머리다.(頁, 頭也.)"라고 했다. 갑골문 頁(혈)자의 자형은 사람 형상인데 큰 머리와 눈을 강조했다. 金文(금문) 이후 자체가 변하여 본의를 알기 힘들게 되었다. 머리칼(一)과 코(自)에 사람을 더한 모습니다. 한자 중에 頁旁(혈방)의 자들은 대부분 "머리"와 관계가 있다.

**상관어휘** 頁巖(혈암)

**난이도** 한자능력검정시험 읽기 특급 쓰기 특급

---

**須**

모름지기 **수**

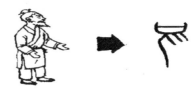

須(모름지기 수 ; 頁 - 총 12획)

---

**자형해설** 須(모름지기 수)자는 터럭 彡(삼)자와 머리 頁(혈)자를 합쳐서 만들었다. 그래서 수염 須(수)라고도 한다. 鬚髯(수염)은 얼굴에 난 털임을 말한다.
須(수)는 수염 鬚(수)자의 본래 글자다. 갑골문의 자형은 사람의 입 아래쪽에 털이 있는 모습이다. 金文(금문)의 須(수)자 상반부는 머리 모습이다. 小篆(소전) 이후 머리 모양이 頁(혈)자로 바뀌었다.

**상관어휘** 須臾(수유)  鬚髯(수염)

**난 이 도** 한자능력검정시험 읽기 3급 쓰기 3급

---

**頃**

잠깐 **경**

頃(잠깐 경 ; 頁 - 총 11획)

---

**자형해설** 頃(잠깐 경)자는 숟가락 匕(비 : 비수)자와 머리 頁(혈)자를 합쳐서 만들었다. 밥을 먹기 위해 숟가락(匕)을 향해 머리(頁)를 비스듬히 기우린 모습이다. 頃(경)은 傾(경)자의 원래 글자다. 의미는 "고개가 비스듬하다"이다. 나중에 의미가 변하여 "경사"를 표현했다.
또 머리를 기우릴 정도의 짧은 시간이란 의미가 생기면서 원래 의미를 나타내기 위해 사람 人(인)자를 추가하여 기울 傾(경)자를 만들었다.

**상관어휘** 頃刻(경각)  傾斜(경사)

**난 이 도** 한자능력검정시험 읽기 3급 쓰기 2

---

# 順
**순할 순**

順(순할 순; 頁 - 총 12획)

---

**자형해설** 順(순)자를 좌우로 나누면 頁(혈)자는 사람의 머리 부분으로 의미를, 내 川 (천)자로 발음을 표시한다. 또 내 川(천)자는 개미허리 巛(천)자와 통용한 다. 그러므로 물이 흘러가는 것처럼 사람이 순종하고 순응한다는 의미다.

**상관어휘** 順應(순응)　順序(순서)

**난 이 도** 한자능력검정시험 읽기 4급 쓰기 3급

---

# 面
**얼굴 면**

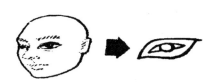

面(얼굴 면; 面 - 총 9획)

---

**자형해설** 얼굴 面(면)자는 머리(一)와 코(自)를 강조한 사람의 얼굴 모습을 그린 글자 다. 갑골문의 面(면)자는 서양 현대 추상화가가 그린 초상화 같다. 한쪽 눈만 을 강조해 그린 후 외형을 마름모꼴로 만들었다.

**상관어휘** 對面(대면)　局面(국면)

**난 이 도** 한자능력검정시험 읽기 3급 쓰기 3급

麵
밀가루 **면**

麵(밀가루 면 ; 麥 - 총 20획)

麵(면)자는 보리 麥(맥)자가 의미를 面(면)자가 발음을 표현하는 형성자다. 面(면)자가 들어간 응용한자가 많지 않다. 상용자로는 밀가루 麪(면)자가 있다.

麵(면)자는 밀가루 麪(면)자의 속자다.

상관어휘 冷麵(냉면) 자장면(炸醬麵 ; 작장면) 炸(터질 작)

난 이 도 한자능력검정시험 읽기 특급 쓰기 특급

自
스스로 **자**

自(스스로 자 ; 自 - 총 6획)

자형해설 스스로 自(자)자는 원래 코 鼻(비)의 본래 자이다. 자형은 코의 형상이다. 나중에 自(자)자가 주로 자기의 의미를 가리켜, 발음을 표기하는 줄 畀(비)자를 넣어 코 鼻(비)자를 만들었다.

상관어휘 自身(자신) 自鳴鐘(자명종)

난 이 도 한자능력검정시험 읽기 7급 쓰기 7급

臭

냄새 **취**

臭(냄새 취 ; 自 - 총 10획)

---

**자형해설** 냄새 臭(취)자의 본의는 코로 냄새를 구별하는 것이다. 나중에 냄새 맡을 嗅(후)자로 썼고 냄새의 총칭이 되었다. 특히 맡기 괴로운 냄새를 가리킨다. 자형은 개의 코는 매우 민감하다. 그래서 臭(취)자는 自(자)자와 개 犬(견)자를 합하여 그 의미를 강조했다.

**상관어휘** 惡臭(악취)  口臭(구취)

**난 이 도** 한자능력검정시험 읽기 3급 쓰기 3급

---

息

숨 쉴 **식**

息(숨 쉴 식 ; 心 - 총 10획)

---

**자형해설** 숨 쉴 息(식)자는 코(自)와 心(심)자를 더해 숨이 코를 통해 나오는 것을 표현했다. 본의는 "호흡하다"이다.

**상관어휘** 歎息(탄식)  休息(휴식)

**난 이 도** 한자능력검정시험 읽기 4급 쓰기 4급

---

一字多音

降(항복할 항)   ：降伏(항복)        行(갈 행)    ：行人(행인)
降(내릴 강)     ：下降(하강)        行(항렬 항)  ：行列(항렬)


畫(그림 화)     ：畫家(화가)        奈(어찌 내)  ：奈何(내하 : 어찌)
畫(그을 획)     ：筆劃(필획)        奈(어찌 나)  ：奈落(나락 : 지옥)


茶(차 다)       ：茶菓(다과)        率(거느릴 솔) ：統率(통솔)
茶(차 차)       ：紅茶(홍차)        率(비율 률)  ：比率(비율)


炙(고기구울 적)：散炙(산적)
炙(고기구울 자)：膾炙(회자)


故事成語


靑出於藍(청출어람)                                    『荀子 · 勸學』

푸른색이 쪽에서 나왔으나 쪽보다 더 푸르다. 제자가 스승보다 나은 것을 비유하는
말.


苛政猛於虎(가정맹어호)                                『禮記 · 檀弓下』

가혹한 정치가 호랑이보다 더 무섭다.


刻骨難忘(각골난망)                          李白「上安州李長史書」

은혜를 입은 고마움이 뼛속 깊이 새겨져 잊기 어려움.

刻舟求劍(각주구검)　　　　　　　　　　　　　　　　　『呂氏春秋 · 察今』

배를 타고 가다가 칼을 강에 빠뜨리고 다시 찾아와 건지겠다고 배의 바닥에다 칼을 빠뜨린 자리표시를 해두었다는 고사(故事). 판단력이 둔하여 세상일에 어둡고 어리석다는 뜻으로 쓰인다.

肝膽相照(간담상조)　　　　　　　　　　　　　　範曄『後漢書 · 光武帝紀』

간과 쓸개를 서로 비춰줌. 서로의 가슴 속까지 이해하고 친근함을 말한다. 후에 당대(唐代) 유종원(柳宗元)과 한유(韓愈)의 관계를 비유한다.

風樹之歎(풍수지탄)　　　　　　　　　　　　　　　　　　　　『韓詩外傳』

효도하고자 할 때에 이미 부모를 여의고 효행(孝行)을 다하지 못하는 자식의 슬픔을 가리킴.

渴而穿井(갈이천정)　　　　　　　　　　　　　　　　　　『說苑 · 奉使』

목이 마를 때에야 비로소 우물을 판다. 미리 준비하지 않으면 일이 임박해서 서둘러봐야 무익하다는 말.


名言 / 格言


桃李不言, 下自成蹊.　　　　　　　　　　　　　　　　　　　　『史記』

복숭아와 오얏은 그 열매의 맛이 좋기 때문에 말하지 않아도 그 아래로 많은 사람들이 먹으러 오게 되므로 나무 아래 자연히 길이 생긴다. 덕행이 있는 사람은 무언중에 억지로 하지 않아도 남을 감동시킴을 비유한 말이다. 훌륭한 스승 아래로 우수한 인재가 많이 모이는 것을 비유하기도 한다.

사마천이 이광(李廣)을 평하면서 한 말이다.

　　桃李 : 복숭아와 오얏　　　　　　　　蹊 : 지름길 혜

泰山不讓土壤, 河海不擇細流.　　　　　　　　　　　『十八史略』

큰 산은 흙덩이도 사양하지 않고 강과 바다는 작은 물줄기도 가리지 않는다.

　　讓 : 사양할 양, 양보하다　　　　　擇 : 가릴 택, 선별하다


成功之難如登天, 失敗之易如燒毛.　　　　　　　　『孔子家語』

일을 이루기의 어려움은 하늘을 올라가는 것 같고, 실패하기의 쉬움은 털을 불사르는 것 같다. 성공의 어려움을 비유함.

　　難 : 어려울 난　　　　　　　　　如 : 같을 여
　　燒 : 사를 소　　　　　　　　　　易 : 쉬울 이, 바꿀 역

| 靑 | 出 | 於 | 藍 | 風 | 樹 | 之 | 歎 |
|---|---|---|---|---|---|---|---|
| 푸를 청 | 날 출 | 어조사 어 | 쪽 람 | 바람 풍 | 나무 수 | 갈 지 | 탄식할 탄 |

| 쪽에서 나온 물감이 쪽빛보다도 더 푸르다는 뜻으로, 제자가 스승보다 뛰어나다는 말 | 효도하고자 할 때에 이미 부모를 여의고 효행(孝行)을 다하지 못하는 자식의 슬픔을 말함 |
|---|---|

| 靑 | 出 | 於 | 藍 | 風 | 樹 | 之 | 歎 |
|---|---|---|---|---|---|---|---|
| 靑 | 出 | 於 | 藍 | 風 | 樹 | 之 | 歎 |
|  |  |  |  |  |  |  |  |
|  |  |  |  |  |  |  |  |
|  |  |  |  |  |  |  |  |
|  |  |  |  |  |  |  |  |
|  |  |  |  |  |  |  |  |
|  |  |  |  |  |  |  |  |

**漢字(한자)의 변천과정**

한자는 지금으로부터 약 5000년 전에 이미 생성되기 시작했습니다. 현존하는 자료에 의하면 중국이 역사를 기록하는 도구로 활용되기 시작한 것은 갑골문시대부터입니다. 지금 우리가 사용하는 한자는 楷書(해서)라고 부르는 한자체입니다. 이제 간단히 한자의 변천과정을 살펴봅시다.

**1. 갑골문**

갑골이란 龜甲(귀갑)의 甲(갑)과 牛骨(우골)이 骨(골)이 합쳐져 이루어진 어휘입니다. 商(상)나라에서 주로 점을 치는 데 사용되었던 문자로 거북의 껍질이나 소의 넓적다리나 어깨뼈에 문자를 새겼습니다.

**2 金文(금문)**

殷周(은주)시대에서 秦漢(진한)시기까지 청동기에 주조하거나 새겨넣은 문자를 말합니다. 왕실과 귀족들이 사용한 용기는 주로 청동이었고 이를 吉金(길금)이라고 불렀습니다. 주로 鍾(종)과 鼎(정) 속에 글자를 기록했습니다.

**3. 小篆(소전)**

秦始皇(진시황)이 천하를 통일하고 전국시대의 복잡한 문자를 하나로 통일시켜 만든 문자입니다. 소전의 특징은 이전 문자에 비해 단순화되고 문자 구조를 정형화하여 偏旁(편방)의 위치가 고정되었다는 점에서 의미가 큽니다.

**4. 隷書(예서)**

진나라의 小篆(소전)은 문자의 형태가 아직 가늘고 곡선이 심해 회화적 성분이 강했습니다. 이런 곡선에서 벗어나 글자를 직선화하고 정사각형이 형태로 자리 잡은 문자가 바로 예서입니다.

**5 楷書(해서)**

해서는 西漢(서한) 말기에 형성되기 시작해서 魏晉(위진) 시기에 크게 유행했고 현재까지 한자의 표준 자체로 인정을 받은 한자체입니다.

**6 草書(초서)**

초서는 隷書(예서)나 楷書(해서)의 규칙이나 규격을 무시하고 신속하게 글자를 쓰기 위해 글자의 윤곽이나 일부만으로 표현해 흘겨 쓰는 필기체용 서체입니다.

**7 行書(행서)**

행서는 隷書(예서)와 草書(초서)의 중간 형태로 초서의 지나친 흘림체를 보완시킨 서체입니다. 晉(진)나라 王羲之(왕희지)가 확고한 틀을 만든 서체입니다.

# 머리 2

 **生活漢字**

### 24節氣

| | | | |
|---|---|---|---|
| 봄 | 正月：立春 雨水 | 二月：驚蟄 春分 | 三月：淸明 穀雨 |
| 여름 | 四月：立夏 小滿 | 五月：芒種 夏至 | 六月：小暑 大暑 |
| 가을 | 七月：立秋 處暑 | 八月：白露 秋分 | 九月：寒露 霜降 |
| 겨울 | 十月：立冬 小雪 | 十一月：大雪 冬至 | 十二月：小寒 大寒 |

　第一課에 이어 사람의 머리와 관련된 글자를 배워봅시다. 본 과에서는 사람의 머리와 얼굴을 표현한 부수 중 目(눈 목), 耳(귀 이), 口(입 구)자를 중심으로 한자들을 공부해 봅시다.

□ □ □

# 目
### 눈 목

目(눈 목 ; 目 - 총 5획)

**자형해설** 눈 目(목)자는 상형자로 갑골문과 金文(금문)의 目(목)자는 가로로 된 한쪽 눈만을 표현했다. 小篆(소전) 이후에 눈을 수직으로 세워서 썼다.

**상관어휘** 目不忍見(목불인견)　目睹(목도)

**난 이 도** 한자능력검정시험 읽기 6급 쓰기 5급

□ □ □

# 眉
### 눈썹 미

眉(눈썹 미 ; 目 - 총 9획)

**자형해설** 눈썹 眉(미)자는 눈과 눈 위의 눈썹 모습을 형상화한 글자로 상형자다. 『說文(설문)』에 "눈썹은 눈 위의 털이다(眉, 目上毛也.)"고 했다.

**상관어휘** 眉間(미간)　蛾眉(아미)

**난 이 도** 한자능력검정시험 읽기 3급 쓰기 3급

**直**

곧을 직

直(곧을 직 ; 目 – 총 8획)

---

**자형해설** 갑골문 곧을 直(직)자의 자형은 한쪽 눈 위에 직선이 있다. 이는 시선이 곧다는 것을 통해 "올바르고 곧다"는 것을 표시한다. 小篆(소전)은 目(목)자 밑에 꺾어진(ㄴ) 획을 첨가했다.

**상관어휘** 直接(직접)   率直(솔직)

**난 이 도** 한자능력검정시험 읽기 7급 쓰기 6급

---

**看**

볼 간

看(볼 간 ; 目 – 총 9획)

---

**자형해설** 볼 看(간) 자의 본의는 "살피다"이다. 사람들은 햇빛 아래서 보다 잘 보기 위해 손으로 이마를 가리고 쳐다본다. 看(간)자는 눈(目) 위에 손(手)을 올려놓고 멀리 살펴보는 모습이다. 여기서 의미가 발전하여 "방문하다", "대우하다"라는 의미가 되었다.

**상관어휘** 看守(간수)   看板(간판)

**난 이 도** 한자능력검정시험 읽기 4급 쓰기 3급

---

# 耳
## 귀 이

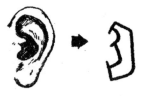

耳(귀 이 ; 耳 - 총 6획)

**자형해설** 귀 耳(이) 자는 갑골문에서는 한쪽 귀의 옆모습을 본떠 만든 상형자다. 자형은 小篆(소전) 이후 점차 변하기 시작했다. 고문에서 耳(이)자는 어기조사로 假借(가차)되어 사용한다.

**상관어휘** 耳鳴(이명)  耳目(이목)

**난이도** 한자능력검정시험 읽기 5급 쓰기 4급

# 聲
## 소리 성

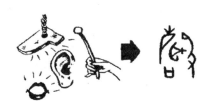

聲(소리 성 ; 耳 - 총 17획)

**자형해설** 소리 聲(성) 자의 갑골문 자형으로 볼 때 聲(성)자는 확실히 매우 시끌벅적한 글자다. 한손에 북채(殳 몽둥이 수)를 들어 磬(경)을 치면서 노래를 하는 입(口)과 중간에 듣는 귀 耳(이)자가 있다. "악기를 치는 소리를 마음 것 듣다"는 뜻이다.

**상관어휘** 聲樂(성악)   音聲(음성)

**난이도** 한자능력검정시험 읽기 4급 쓰기 3급

# 聖

**성스러울 성**

聖(성스러울 성 ; 耳 - 총 13획)

**자형해설** 성스러울 聖(성) 자는 원래 "총명한 사람"을 가리켰다. 갑골문과 금문(金文)은 서 있는 사람의 귀를 크게 그려 강조했다. 자형은 "人(인)", "耳(이)", "口(구)"자로 구성되어 있고 그 의미는 "한 사람이 서서 다른 사람이 말하는 것을 듣는 것"을 표시한다. 壬(정)자는 土(흙)위에 서 있는 사람의 모습이다.

**상관어휘** 聖人(성인)　聖經(성경)

**난 이 도** 한자능력검정시험 읽기 4급 쓰기 3급

---

# 取

**취할 취**

取(취할 취 ; 又 - 총 8획)

**자형해설** 취할 取(취) 자의 모습은 고대 전쟁에서 승리 한 자가 한 손으로 적의 귀를 잘라와 공을 인정받는 모습이다. 그러므로 본의는 "공격해 함락시키다", "탈취하다"이다. 나중에 의미가 변하여 "잡다", "요구하다" 등으로 쓰였다. "부인을 얻다"는 나중에 장가들 娶(취)자로 썼다.

**상관어휘** 攝取(섭취)　受取(수취)

**난 이 도** 한자능력검정시험 읽기 4급 쓰기 3급

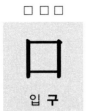

口

입 구

口(입 구 ; 口 - 총 )

**자형해설** 口(구)자는 벌린 입을 본 떠 만든 상형자다. 갑골문과 금문의 자형은 모두 사람의 입모양을 나타낸다. 小篆(소전)은 자형이 길게 변했고 隸書(예서)와 楷書(해서)는 圓形(원형)에서 方形(방형)으로 변했다.

**상관어휘** 口述(구술)  衆口難防(중구난방)

**난 이 도** 한자능력검정시험 읽기 7급 쓰기 6급

甘

달 감

甘(달 감 ; 甘 - 총 5획)

**자형해설** 甘(달 감)자의 본의는 "달다"이다. 甘(감) 자의 외곽은 원래 口(구) 자로 중간에 짧은 횡선을 넣어 입속에 음식물을 머금고 있는 모습이다. 특히 맛이 달다는 것을 가리킨다.

**상관어휘** 甘味料(감미료)  甘草(감초)

**난 이 도** 한자능력검정시험 읽기 4급 쓰기 3급

**吹**

**불 취**

吹(불 취 ; 口 – 총 7획)

---

**자형해설** 吹(취) 자는 입 口(구)자와 하품 欠(흠) 두 부분으로 되어있다. 欠(흠)자는 원래 사람이 입을 벌리고 공기를 배출하는 모습이다. 입에서 호흡이 나가는 것을 표시하기 위해 나중에 口(구)자를 첨가했다.

**상관어휘** 吹管(취관)  鼓吹樂(고취악)

**난 이 도** 한자능력검정시험 읽기 3급 쓰기 3급

---

**名**

**이름 명**

名(이름 명; 口 – 총 6획)

---

**자형해설** 名(명) 자는 夕(석)자와 口(구)자로 구성되었다. 夕(석)은 저녁을, 口(구)는 입을 뜻한다. 날이 어두워서 밤에 멀리 있는 사람이 분명히 보이지 않아 이름을 불러 판단하는 것을 말한다.

**상관어휘** 名札(명찰)  呼名(호명)

**난 이 도** 한자능력검정시험 읽기 7급 쓰기 6급

### 一字多音

賈(값 가)      : 價格(가격)        車(수레 거)    : 車馬費(거마비)
賈(장사 고)    : 商賈(상고)        車(수레 차)    : 車道(차도)


見(볼 견)      : 識見(식견)        更(다시 갱)    : 更生(갱생)
見(나타날 현)  : 謁見(알현)        更(고칠 경)    : 變更(변경)


龜(거북 귀)      : 龜鑑(귀감)      廓(둘레 곽)    : 輪廓(윤곽)
龜(터질 균)      : 龜裂(균열)      廓(클 확)      : 廓然(확연)
龜(땅 이름 구)   : 龜尾(구미)


內(안 내)      : 內部(내부)
內(여관 나)    : 內人(나인)


### 故事成語

流言蜚語(유언비어)                               『明史 · 馬孟楨傳』
흘러가는 말 해충 같은 말이라는 뜻으로, 여기저기에서 떠도는 근거 없는 소문이다.

　　蜚 : 바퀴 비, 주의 : 飛(날 비)자가 아님에 유의한다.


苛斂誅求(가렴주구)                                             『禮記』
가혹하게 세금을 거두거나 백성들의 재물을 억지로 빼앗음.


家和萬事成(가화만사성)                               『明心寶鑑 · 治家』
집안이 화목하면 모든 일이 잘 이루어진다.

他山之石(타산지석)　　　　　　　　　　　　　　　　　　　　　『詩經·小雅』

다른 산에서 난 나쁜 돌도 자기의 구슬을 가는 데에 소용이 된다는 뜻. 다른 사람의 보잘 것 없는 언행도 자기의 덕을 연마하는 데 도움이 된다는 말.


兎死狐悲(토사호비)　　　　　　　　　　　　　　　　　　『敦煌變文集·燕子賦』

토끼가 죽으니 여우가 슬퍼한다. 남의 처지를 보고 자기 신세를 헤아려 동류의 슬픔을 서러워 한다는 뜻.


兎營三窟(토영삼굴)　　　　　　　　　　　　　　　　　　　　『戰國策·齊策』

토끼는 숨을 수 있는 굴을 세 개는 마련해놓는다. 자신의 안전을 위하여 미리 몇 가지 술책을 마련함을 비유하는 말이다.


名言 / 格言


非人不忍, 不忍非人.　　　　　　　　　　　　　　　　　　　　　『明心寶鑑』

사람이 아니면 참지 못할 것이요, 참지 않으면 사람이 아니다.

　　忍 : 참을 인


柳下惠爲士師 三黜. 人曰 : 子未可以去乎. 曰: 直道而事人, 焉往而不
三黜, 枉道而事人, 何必去父母之邦?　　　　　　　　　　　　　　　『論語』

유하혜는 사사(재판관)가 되었으나, 3번이나 쫓겨났다. 사람들이 말하길 "당신은 이제 노나라를 떠나고 싶지 않으시오?" 하니 유하혜가 말했다. "곧은 도(원칙)로써 누군가를 섬긴다면 어디 간들 3번 정도는 쫓겨나지 않겠는가? 굽은 도로써 섬길 생각이라면 굳이 부모의 나라를 떠날 필요가 있겠는가?"

　　柳下惠 : 자는 子禽, 중국 춘추전국시대 정치가
　　士師 : 사사, 고대 관직명.　　　　　黜 : 물리칠 출, 쫓겨나다.
　　子 : 여기서는 2인칭 대명사. 당신　　直道 : 직도, 옳바른 도
　　焉 : 어찌 언. 의문사
　　枉道 : 왕도. 굽은 도, 윗사람의 비위를 맞추는 도

| 他 | 山 | 之 | 石 | 苛 | 斂 | 誅 | 求 |
|---|---|---|---|---|---|---|---|
| 다를 **타** | 뫼 **산** | 갈 **지** | 돌 **석** | 매울 **가** | 거둘 **렴** | 벨 **주** | 구할 **구** |

| 다른 사람의 보잘 것 없는 언행도 자신의 덕을 연마하는데 도움이 된다는 말. | | | | 가혹하게 세금을 거두거나 백성들의 재물을 억지로 빼앗음 | | | |
|---|---|---|---|---|---|---|---|
| 他 | 山 | 之 | 石 | 苛 | 斂 | 誅 | 求 |
| 他 | 山 | 之 | 石 | 苛 | 斂 | 誅 | 求 |
|  |  |  |  |  |  |  |  |
|  |  |  |  |  |  |  |  |
|  |  |  |  |  |  |  |  |
|  |  |  |  |  |  |  |  |
|  |  |  |  |  |  |  |  |
|  |  |  |  |  |  |  |  |
|  |  |  |  |  |  |  |  |

# 第三課

# 사람 1

 生活漢字

---

### 經濟用語

銀行 信託 融資 與信 受信 金利 單利 複利 賣渡 買入 外換
貸出 現金自動支給機 信用 通帳 出納 保證 公證 確約書 擔保

---

본 과에서는 사람을 표현하는 한자들을 배워봅시다. 사람과 관련된 부수들로는 人(인),
儿(인), 匕(비), 大(대), 立(립), 尸(시), 卩(절), 巳(절), 子(자), 女(녀) 등이 있습니다.

**人**
**사람 인**

人(사람 인 ; 人 - 총 2획)

**자형해설** 人(인) 자는 상형자로 갑골문과 金文(금문)의 人(인)자는 사람이 옆으로 서 있는 모습이다. 이 사람은 앞쪽을 향해 한손을 쭉 뻗고 있다. 隷書(예서) 이후 자형의 변화가 크다. 정면으로 서 있는 사람은 大(대), 누워 있는 모습은 尸(시), 꿇어 앉은 모습은 卩(절)로 섰다.

**상관어휘** 人格(인격)　人物(인물)

**난 이 도** 한자능력검정시험 읽기 8급

---

**信**
**믿을 신**

信(믿을 신 ; 人 - 총 9획)

**자형해설** 信(믿을 신) 자의 본의는 "성실"이다. 金文(금문)에 信(신)은 人(인)자와 口(구)자로 구성되었다. 사람(亻)이 하는 말(言)은 믿음(信)이 있어야 한다는 뜻이다.

**상관어휘** 信用(신용)　確信(확신)

**난 이 도** 한자능력검정시험 읽기 6급 쓰기 6급

# 休
### 쉴 휴

休(쉴 휴; 人 – 총 6획)

**자형해설** 쉴 休(휴)의 자형은 사람이 나무 아래 기대어 바람을 쏘이며 휴식을 하는 모습이다. 본의는 "휴식하다"이다. 나중에 의미가 변하여 멈추다(止)는 의미로 "停止(정지)", "금지" 등을 표시하게 되었다.

**상관어휘** 休息(휴식)  休憩室(휴게실)

**난 이 도** 한자능력검정시험 읽기 7급 쓰기 6급

# 保
### 지킬 보

保(지킬 보; 人 – 총 9획)

**자형해설** 지킬 保(보) 자는 고대 한자에서 한 사람이 강보에 쌓인 어린 아이(呆 태)를 손을 뻗어서 안고 있는 모습이다. 원래의 뜻은 "양육하다", "부양하다"라는 의미이다. 여기에서 뜻이 발전하여 "보호하다"라는 의미를 갖게 되었다.

**상관어휘** 保護(보호)  保育院(보육원)

**난 이 도** 한자능력검정시험 읽기 4급 쓰기 3급

**儿**

어진 사람 **인**

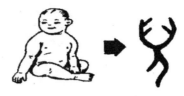

儿: 兒(아이 아 ; 儿 – 총 8획)

---

**자형해설** 儿(인)자는 단독으로 사용되지 않고 다른 자의 아래에 붙어 주로 사용된다. 위의 그림은 현재 중국에서 간체자로 사용되는 儿(인)자로 어린 아이를 의미한다.

아이 兒(아)자의 자형은 몸은 작고 머리가 큰 어린아이의 모습이다. 상부는 영아의 머리로 숨구멍이 아직 닫히지 않았다. 이는 갓 태어난 어린 아이를 강조한 것이다.

**상관어휘** 兒童(아동)  乳兒(유아)

**난 이 도** 한자능력검정시험 읽기 5급 쓰기 4급

---

**兄**

맏 **형**

兄(맏 형 ; 儿 – 총 5획)

---

**자형해설** 갑골문에서 兄(형)자의 자형은 제사를 지낼 때 하늘을 향에 고하는 입(口)의 모습이다. 그러므로 "儿(인)"자 상단에 사람의 큰 입을 강조하여 이런 일을 하는 사람이 兄(형)이란 의미를 표시했다.

**상관어휘** 兄弟(형제)  大兄(대형)

**난 이 도** 한자능력검정시험 8급

---

見
**볼 견**

見(볼 견 ; 見 – 총 7획)

**자형해설** 볼 見(견) 자의 자형은 사람 형상 위에 큰 눈이 하나 있는 모습이다. 즉 한 사람이 눈을 크게 뜨고 앞을 바라보고 있다. 見(견) 자의 의미는 "보다"이고 여기서 의미가 발전하여 "견해", "식견" 등이 되었다. 또 피동을 나타내기도 한다.

**상관어휘** 見聞(견문)  見學(견학)  謁見(알현)

**난 이 도** 한자능력검정시험 쓰기 4급 Ⅱ 4급 읽기

---

光
**빛 광**

光(빛 광 ; 儿 – 총 6획)

**자형해설** 빛 光(광) 자의 자형은 무릎을 꿇고 앉아 있는 사람의 머리 위에 불(火)이 있는 모습이다. 본의는 "밝다"이다.

**상관어휘** 光線(광선)  榮光(영광)

**난 이 도** 한자능력검정시험 읽기 6급 Ⅱ 쓰기 6급 Ⅱ

**匕**

비수 **비**

匕(비수 비 ; 匕 - 총 2획)

---

**자형해설** 匕(비) 자는 비수 비 숟가락 비라고도 한다. 자형은 "음식을 먹는 도구"로 주 걱처럼 생겼다. 후대의 국자는 이것이 변한 것이다. 갑골문과 金文(금문)은 모두 죽은 어미 姚(비)자로 썼다. 또 亻(인)이 왼쪽을 향한 사람의 모습이라 면 匕(비)자는 오른쪽을 향한 사람의 모습이다.

**상관어휘** 匕首(비수)   先姚(선비)

**난 이 도** 한자능력검정시험 읽기 2급 쓰기 2급

---

**比**

견줄 **비**

比(견줄 비 ; 比 - 총 4획)

---

**자형해설** 견줄 比(비) 자의 자형은 두 사람이 한 사람은 앞에서 한 사람은 뒤에서 나란 히 서있는 모습이다. 본의는 "병렬"이다. 匕(비)자는 뜻과 발음을 모두 표현 한다. 여기서 의미가 발전하여 "겨루다", "비교하다"라는 의미를 갖게 되었다.

**상관어휘** 比較(비교)   比率(비율)

**난 이 도** 한자능력검정시험 일기 2급 쓰기 2급

**北**

북녘 **북**

北(북녘 북 ; 匕 - 총 5획)

북녘 北(북) 자에서 北(북)은 背(등 배)의 본래 자이다. 고문의 자형은 두 사람이 등과 등을 서로 맞대고 서있는 모습이다. 군대가 패배하여 서로 등지고 흩어져 도망가는 것이다. 北(북)자가 북방의 의미를 차용한 후, 별도로 등 背(배)자를 만들었다.

北京(북경)  北極(북극)

한자능력검정시험 8급

**化**

될 **화**

化(될 화 ; 匕 - 총 4획)

될 化(화) 자의 자형은 두 사람의 모습이다. 그중 한사람은 똑 바로 서있고 (亻) 다른 한사람은 거꾸로 서있는(匕) 모습으로 서커스나 마술처럼 "변화(자연계가 만물을 성장시킴)"라는 의미를 표시했다. 여기서 의미가 발전하여 "조화" "사망" 등의 의미를 표현한다.

變化(변화)  化學(화학)

한자능력검정시험 읽기 6급 쓰기 6급

## 大
### 큰 대

大(큰 대 ; 大 – 총 3획)

**자형해설** 큰 大(대) 자는 한 사람이 두손을 양쪽으로 뻗고, 양발을 벌려 정면을 향해 서있는 사람의 모습이다. 그러므로 大(대)자를 사용하여 성인의 의미를 표현했다. 갑골문과 金文(금문)에서는 大(대)와 太(태)자를 통용하여 많이 사용했다.

**상관어휘** 大器晚成(대기만성)  廣大(광대)

**난 이 도** 한자능력검정시험 8급

---

## 夫
### 지아비 부

夫(지아비 부 ; 大 – 총 4획)

**자형해설** 지아비 夫(부) 자의 자형은 머리를 묶고 정면으로 똑바로 서있는 사람의 형상이다. 머리 부분을 짧은 횡선으로 표시해 남자가 어른이 된 후 비녀(一)를 사용하여 머리칼을 묶은 것을 표시한다. 본의는 "성년의 남자"라는 의미이고 여기서 의미가 발전하여 "이미 결혼한 남자"를 표시한다.

**상관어휘** 夫婦(부부)  士大夫(사대부)

**난 이 도** 한자능력검정시험 읽기 7급 쓰기 6급

**夾**
**낄 협**

夾(낄 협 ; 大 - 총 7획)

**자형해설** 낄 夾(협) 자의 본의는 "보좌하다"이다. 자형은 비교적 작은 두 사람(人)이 훨씬 큰 사람(大) 한명을 부축한 모습이다. 후에 본의가 점차 소실되면서 "양 옆에서 꼭 끼다"라는 의미가 생겼다.

**상관어휘** 夾卓(협탁)  挾攻(협공)

**난 이 도** 한자능력검정시험 일기 1급 쓰기 1급

**立**
**설 립**

立(설 립 ; 立 - 총 5획)

**자형해설** 설 立(립)자는 상형자로 한 사람이 두 발을 벌리고 땅위에 서있는 모습이다. 본의는 "서 있다"이다. 사람의 발아래 가로 획(一)은 지면을 가리킨다. 나중에 여기에 사람 인(亻)자를 더해 자리 位(위)자를 만들었다.

**상관어휘** 立春(입춘)  設立(설립)

**난 이 도** 한자능력검정시험 일기 7급 쓰기 7급Ⅱ

竣

마칠 **준**

竣(마칠 준 ; 立 – 총 12획)

**자형해설** 마칠 竣(준) 자는 일이 끝나 뒤로 물러나 서있는 모습으로 만족함을 표현한다. 여기서 의미가 발전하여 일을 마친 것을 말한다. 진실로 允(윤)자는 후에 "뛰어나다"란 의미를 갖게 되며 夋(준)자의 형태를 사용하였다.

**상관어휘** 竣工(준공)  竣業(준업)

**난이도** 한자능력검정시험 읽기 1급 쓰기 특급

---

竟

다할 **경**

竟(다할 경 ; 立 – 총 11획)

**자형해설** 竟(경)자는 音(음)자나 立(립)자와의 조합이 아니라 辛(신)자와 人(인)자의 결합이다. 그 의미는 형도를 사용하여 죄인의 머리에 기호를 새기는 것을 말하며 이런 일이 완료되는 것을 竟(경)이라고 불렀다. 그러므로 본의는 "종료", "완료"이다.

**상관어휘** 畢竟(필경)  有志竟成(유지경성)

**난이도** 한자능력검정시험 일기 3급 쓰기 2급

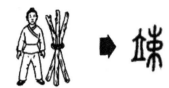

| 자형해설 | 竦(송)자의 자형은 고대 제사장이 하늘을 보고 축사를 할 때 주변에 공경스럽고 엄숙하게 서 있는 사람의 모습이다. 나중에 의미가 발전하여 두려워할 悚(송) 으로 썼다. 묶을 束(속)자는 제사를 위해 준비한 장작을 묶은 모습이다. |

**자형해설** 竦(송)자의 자형은 고대 제사장이 하늘을 보고 축사를 할 때 주변에 공경스럽고 엄숙하게 서 있는 사람의 모습이다. 나중에 의미가 발전하여 두려워할 悚(송) 으로 썼다. 묶을 束(속)자는 제사를 위해 준비한 장작을 묶은 모습이다.

**상관어휘** 竦然(송연)   悚懼(송구)

**난이도** 한자능력검정시험 읽기 1급 쓰기 특급

一字多音

| 宅(집 댁) | : 宅內(댁내) | 度(법도 도) | : 制度(제도) |
| 宅(집 택) | : 家宅(가택) | 度(헤아릴 탁) | : 忖度(촌탁) |

| 讀(읽을 독) | : 讀書(독서) | 洞(동굴 동) | : 孝子洞(효자동) |
| 讀(구두 두) | : 吏讀(이두) | 洞(꿰뚫을 통) | : 洞察(통찰) |

| 復(회복할 복) | : 復古主義(복고주의) | 不(아닐 불) | : 不可(불가) |
| 復(다시 부) | : 復活(부활) | 不(아니 부) | : 不當(부당) |

故事成語

甘呑苦吐(감탄고토)　　　　　　　　　　　　　　　　　　『耳談續纂』

달면 삼키고 쓰면 뱉는다. 개인적인 이익과 욕심을 위해서 믿음이나 의리는 상관하지
않고 필요할 땐 쓰고 그렇지 않을 땐 버리는 태도를 말한다.

去頭截尾(거두절미)　　　　　　　　　　　　　　　王士禎『帶經常詩話』

머리를 제거하고, 꼬리도 자른다. 즉 요점만을 말하는 것을 뜻한다.

乾坤一擲(건곤일척)　　　　　　　　　　　　　　　　　韓愈「過鴻溝」

하늘과 땅이 한 번씩 던져진다. 흥망 성패를 걸고 싸울 정도의 큰 담판을 비유한다.

隔世之感(격세지감)　　　　　　　　　　　　　　　範成大「吳船錄下」

짧은 시간동안에 많은 변화가 있어 다른 세대나 세상인 것처럼 느끼게 됨을 비유한다.

心安茅屋穩, 性定菜羹香.　　　　　　　　　　　　　　　『明心寶鑑』

마음이 편안하면 띠로 지은 집도 편안하고, 성품이 안정되면 나물국도 향기롭다.

　　茅屋 : 모옥 ; 초가집　　　　　　　　　穩 : 평온할 온
　　菜羹 : 나물 채, 국 갱. 즉 나물 국 ; 가난한 살림살이를 말함.


禍莫大於從己之欲. 惡莫大於言人之非.　　　　　　　　　『韓非子』

화는 자기의 욕심을 따르는 것보다 더 큰 것이 없다. 악은 다른 사람의 허물을 말하는
것보다 더 큰 것이 없다.

　　於 : 어기사 어 ; 비교급 ~보다.　　　　從 : 좇을 종 , 따르다
　　己欲 : 기욕, 내 욕심.　　　　　　　　人非 : 타인의 허물.


臨財無苟得, 臨難無苟免.　　　　　　　　　　　　　　『禮記』

재물에 임하여 구차히 얻으려 하지 말고, 어려움에 임하여 구차히 면하려 하지 말라.

　　財 : 재물 재　　　　　　　　　　　　苟得 : 구득, 구차하게 얻다.
　　難 : 어려울 난　　　　　　　　　　　免 : 면할 면, 피하다.

| 甘 | 吞 | 苦 | 吐 | 隔 | 世 | 之 | 感 |
|---|---|---|---|---|---|---|---|
| 달 **감** | 삼킬 **탄** | 쓸 **고** | 토할 **토** | 사이 뜰 **격** | 대 **세** | 갈 **지** | 느낄 **감** |

| 달면 삼키고 쓰면 뱉는다. 개인적인 이익과 욕심을 위해서 믿음이나 의리는 상관하지 않음. | 많은 변화가 있어 다른 세대인 것처럼 느끼게 됨을 비유하는 말. |
|---|---|

| 甘 | 吞 | 苦 | 吐 | 隔 | 世 | 之 | 感 |
|---|---|---|---|---|---|---|---|
| 甘 | 吞 | 苦 | 吐 | 隔 | 世 | 之 | 感 |
| | | | | | | | |
| | | | | | | | |
| | | | | | | | |
| | | | | | | | |
| | | | | | | | |
| | | | | | | | |
| | | | | | | | |

# 第四課

# 사람 2

 **生活漢字**

---

### 法律用語

法院　檢察　警察　搜査官　刑事　判事　檢事　辯護士　訴訟　却下

勝訴　敗訴　假處分　供託　公證　免訴　抗訴　告訴　告發　取下　抹消

有/無罪

---

　본 과에서는 第三課에 이어서 계속 사람을 표현하는 한자들을 배워봅시다. 사람과 관련된 부수들로는 人(인), 儿(인), 匕(비), 大(대), 立(립), 尸(시), 卩(절), 已(절), 子(자), 女(녀) 등이 있습니다.

□ □ □

# 尸

## 주검 시

尸(주검 시 ; 尸 - 총 3획)

**자형해설** 주검 尸(시)자의 갑골문 자형은 죽어서 옆으로 앉아 있거나 누워있는 사람의 모습이다. 본의는 고대 제사를 지낼 때 사망한 사람을 대표하여 제사를 받던 사람이다.

**상관어휘** 尸身(시신)  屍體(시체)

**난 이 도** 한자능력검정시험 읽기 2급 쓰기 2급

□ □ □

# 尿

## 오줌 뇨

尿(오줌 뇨 ; 尸 - 총 7획 ; )

**자형해설** 오줌 尿(뇨)자의 자형은 서 있는 사람(尸)의 엉덩이 근처에서 소변(水)을 보는 사람의 옆모습이다. 오줌 (尿)자와 비슷한 똥 屎(시)자는 서있는 사람의 엉덩이에서 똥(米)이 나오는 모습이다. 쌀(米)이 똥으로 변한 모습이다.

**상관어휘** 放尿(방뇨)  泌尿器科(비뇨기과)

**난 이 도** 한자능력검정시험 1급 쓰기 2급 읽기

## 尺

**자 척**

尺(자 척;尸 - 총 4획 )

자 尺(척)자는 『說文』(설문)에 尺(척)은 十寸(십촌)이라고 했다. 金文(금문)의 尺(척)자는 사람 형상의 종아리 부분에 횡선의 지시부호를 더해 1尺의 높이가 있는 곳을 나타냈다. 尺(척)은 길이의 단위로 사람의 종아리 길이를 나타낸다.

咫尺(지척)　尺度(척도)

한자능력검정시험 읽기 3급 쓰기 3급 II

---

## 卩

**병부 절**

卩(병부 절 ; 卩 - 총 2획)

卩(절)자는 꿇어 앉아 있는 사람의 모습이다. 卩(절)은 병부 巳(절)로도 쓴다. 단독으로 사용되지 않고 다른 부수와 함께 사용하여 의미를 말한다. 예를 들면 액 厄(액)자는 산비탈(厂)에서 굴러 떨어져 다쳐서 웅크린 사람의 모습이다.

**令**
영 령

令(영 령 ; 人 총 5획)

| 자형해설 | 令(령)자의 자형은 큰 지붕아래서 한 사람이 꿇어앉아 사람들에게 명령을 내리는 모습이다. 令(령)과 목숨 命(명)은 의미가 비슷하지만 令(령)은 "~하여금 시키다"라는 의미가 있다. |

| 상관어휘 | 命令(명령)  大令(대령) |

| 난 이 도 | 한자능력검정시험 읽기 5급 쓰기 4급 |

**命**
목숨 명

命(목숨 명 ; 口 - 총 8획)

| 자형해설 | 갑골문에서 命(명)과 令(령)은 같은 글자다. 金文(금문)에서 처음으로 令(령)자에 입 口(구)자를 넣어 命(명)자를 만들었다. 본의는 命令(명령), 派遣(파견)이다. 또 생명, 운명 등의 뜻도 있다. |

| 상관어휘 | 生命(생명)  特命(특명) |

| 난 이 도 | 한자능력검정시험 읽기 7급 쓰기 6급 |

# 危
## 위태할 **위**

危(위태할 위 ; 卩 – 총 6획)

**자형해설** 危(위)자의 자형은 마차에 위험이 생겼을 때 한 사람이 강하게 마차의 멍에를 잡아 멈추게 하는 모습이다. 小篆(소전)의 危(위)자는 人(인)자와 厄(재앙 액)자로 구성되었다. 본의는 위험, 불안전이다.

**상관어휘** 危機(위기)  危殆(위태)

**난 이 도** 한자능력검정시험 읽기 4급 쓰기 4급

---

# 子
## 아들 **자**

子(아들 자 ; 子 – 총 3획)

**자형해설** 아들 子(자)자는 상형자로 갑골문과 金文(금문)은 두 종류의 子(자)자가 있다. 하나는 머리와 손을 버둥거리고 두 발은 강보 속에 있다. 다른 하나는 큰 머리와 머리칼이 있고 두 발을 들고 있다.

**상관어휘** 子女(자녀)  孫子(손자)

**난 이 도** 한자능력검정시험 읽기 7급Ⅱ 쓰기 7급

□□□

## 孫
손자 손

孫(손자 손 ; 子 - 총 10획)

---

**자형해설** 孫(손)자는 아들 子(자)와 이을 系(계) 두 부분을 합쳐서 만들었다. 이을 系(계)는 밧줄의 모습으로 繼承(계승), 連接(연접)의 뜻이 있다. 그러므로 孫(손)은 "아들의 아들"을 말한다.

**상관어휘** 祖孫(조손)  孫女(손녀)

**난 이 도** 한자능력검정시험 읽기 6급 쓰기 5급

---

□□□

## 季
끝 계

季(끝 계 ; 子 - 총 8획)

---

**자형해설** 季(계)자는 稚(어릴 치)자의 본래 자다. 본의는 "어린 벼"다. 자형은 벼 禾(화)자와 아들 子(자)자로 구성되었고 이는 어린 아이 같은 "어린 곡식"을 표시한다. 여기서 의미가 발전하여 소년이나 소녀를 가리키기도 한다.

**상관어휘** 季節(계절)  伯仲叔季(백중숙계)

**난 이 도** 한자능력검정시험 읽기 4급 쓰기 3급 II

---

## 孟
**맏 맹**

孟(맏 맹 ; 子 - 총 8획)

**자형해설** 孟(맹)자는 의미를 표시하는 子(자)자와 발음을 나타내는 그릇 皿(명)자로 구성되었다. 본의는 형제자매 중 가장 연장자다. 일설에 어린아이를 그릇에 넣어 제사하는 과정에서 장자의 함의가 생겼다.

**상관어휘** 孟子(맹자)  孟冬(맹동)

**난 이 도** 한자능력검정시험 읽기 3급Ⅱ 쓰기 3급

---

## 女
**계집 녀**

女(계집 녀{여} ; 女 - 총 3획)

**자형해설** 女(녀)자는 여인이 다소곳하게 앉아 두 손을 앞가슴에 올리고 무릎을 꿇고 앉아 있는 모습이다. 동양윤리 사상이 적용된 해석이다. 본의는 婦女(부녀)이다. 女(녀)자는 고문에서 항상 너 汝(여)자와 통용했고 나중에 따로 너 汝(여)자를 만들었다.

**상관어휘** 男女(남녀)  女性(여성)

**난 이 도** 한자능력검정시험 8급

---

## 妃
**왕비 비**

妃(왕비 비 ; 女 - 총 6획)

**자형해설** 妃(비)자에서 女(여)자는 의미를 자기 己(기)자는 발음을 표시한다.『說文
(설문)』주에 "사람들의 배우자를 필이라고 한다. 妃(비)는 본래 상하가 모
두 부르는 통칭이다. 후인들이 고귀함을 나타내기 위해 불렀을 뿐이다"고 했
다. 나중에 妃(비)자는 황제의 첩이나 태자와 왕후의 처를 가리키게 되었다.

**상관어휘** 貴妃(귀비)　妃嬪(비빈)

**난이도** 한자능력검정시험 읽기 3급Ⅱ 쓰기 3급

## 媚
**아첨할 미**

媚(아첨할 미 ; 女 - 총 12획)

**자형해설** 媚(미)자의 자형은 아름다운 긴 눈썹을 가진 여자의 모습을 강조했다. 남성
중심의 사회에서 이런 여인이 사람들의 사랑을 받았다. 그러므로 이 글자는
일반적으로 "嬌態(교태)"를 의미한다.

**상관어휘** 阿媚(아미)　媚笑(미소)

**난이도** 한자능력검정시험 읽기 1급 쓰기 특급

婦

며느리 **부**

婦(며느리 부 ; 女 – 총 11획).

---

婦(부)자의 자형은 여자가 빗자루(帚추)를 손에 들고 청소하는 모습이다. 이것은 가정주부의 일상적인 일이다. 그러므로 婦(부)자는 결혼한 여자라는 의미도 있다.

夫婦(부부)  婦女子(부녀자)

한자능력검정시험 읽기 4급Ⅱ 쓰기 4급

---

一字多音

| | | | |
|---|---|---|---|
| 丹(붉을 단) | : 丹靑(단청) | 糖(사탕 당) | : 糖尿(당뇨) |
| 丹(꽃 이름 란) | : 牡丹(모란) | 糖(엿 탕) | : 雪糖(설탕) |

| | | | |
|---|---|---|---|
| 否(아닐 부) | : 否決(부결) | 宿(별자리 수) | : 星宿(성수) |
| 否(막힐 비) | : 否塞(비색) | 宿(잘 숙) | : 宿所(숙소) |

| | | | |
|---|---|---|---|
| 數(자주 삭) | : 數脈(삭맥) | 契(맺을 계) | : 契約(계약) |
| 數(촘촘할 촉) | : 數罟(촉고) | 契(종족이름 글) | : 契丹(글안) |
| 數(셀 수) | : 數値(수치) | | |

故事成語

激濁揚淸(격탁양청)　　　　　　　　　　　　　　　　　　　　　　『屍子 · 君治』
탁류를 몰아내고 맑은 물을 끌어 들임. 惡을 미워하고 善을 좋아함.

隔靴搔痒(격화소양)　　　　　　　　　　　　普濟『五燈會元 · 康山契穩禪師』
신을 신은 채 가려운 발을 긁는 것과 같이 일이 효과를 나타내지 못함을 말한다.

牽强附會(견강부회)　　　　　　　　　　　　　　　　　　　　　李綱 「災異論」
이치에 맞지 않는 말을 억지로 끌어 붙여 자기의 주장하는 것에 맞도록 함.

犬馬之勞(견마지로)　　　　　　　　　　　　　　　　　　　　　『晉書 · 段灼傳』
개나 말의 노고. 자기의 노력을 낮추어 하는 말이나 임금이나 나라에 충성을 다하는
노력을 말함.

見蚊拔劍(견문발검)　　　　　　　　　　　　　　　　歇后語(속담)

화가나 모기를 잡으려고 칼을 빼어 든다는 말로 작은 일에 잘 노하는 사람을 풍자하는 말.

---

名言 / 格言

君子以同道爲朋, 小人以同利爲朋.　　　　　　歐陽脩「朋黨論」

군자는 같은 도로 붕당을 만들고, 소인은 같은 이익으로 붕당을 만든다.

　　朋 : 벗 붕 같은 무리.　　　　　　　道 : 길 도 , 사상이나 철학
　　利 : 날카로울 리, 이익

水至淸則無魚, 人至察則無徒.　　　　　　　　『孔子家語』

물이 너무 맑으면 고기가 없고, 사람이 너무 살피면 쫓는 이가 없다.

　　至淸(지청) : 지극히 맑음　　　　　　察 : 살필 찰, 관리 감독을 말함
　　則 : 접속사　　　　　　　　　　徒 : 무리 도

施恩勿求報, 與人勿追悔.　　　　　　　　　　『明心寶鑑』

은혜를 베풀었거든 보답을 구하지 말 것이요, 남에게 주었거든 더 이상 쫓아 후회하지
말 것이다

　　施 : 베풀 시　　　　　　　　　勿 : 말 물, 금지를 나타내는 명령어
　　報 : 갚을 보, 보답　　　　　　　與 : 줄 여
　　人 : 사람 인, 타인 ; 자신은 己(기)라고 한다.
　　追 : 쫓을 추　　　　　　　　　悔 : 뉘우칠 회, 후회하다.

| 犬 | 馬 | 之 | 勞 | 見 | 蚊 | 拔 | 劍 |
|---|---|---|---|---|---|---|---|
| 개 견 | 말 마 | 갈 지 | 일할 로 | 볼 견 | 모기 문 | 뺄 발 | 칼 검 |

| 개나 말의 노고. 자기의 노력을 낮추어 하는 말이나 임금이나 나라에 충성을 다하는 노력 | 모기에 화나서 칼을 빼어 든다는 말로 작은 일에 잘 노하는 사람을 풍자하는 말. |
|---|---|

| 犬 | 馬 | 之 | 勞 | 見 | 蚊 | 拔 | 劍 |
|---|---|---|---|---|---|---|---|
| 犬 | 馬 | 之 | 勞 | 見 | 蚊 | 拔 | 劍 |
|  |  |  |  |  |  |  |  |
|  |  |  |  |  |  |  |  |
|  |  |  |  |  |  |  |  |
|  |  |  |  |  |  |  |  |
|  |  |  |  |  |  |  |  |
|  |  |  |  |  |  |  |  |
|  |  |  |  |  |  |  |  |

## 第五課

# 손 1

 **生活漢字**

### 社會用語

民主社會　市民　旣得權　剝奪感　公敎育　私敎育　葛藤　統合　疏通
街頭示威　革命　露宿者　日傭職　零細業者　社會安全網　慣行　公聽會
騷擾　聲討　罹災民　源泉封鎖　過怠料

　본 과에서는 손 手(수)자가 기본이 되는 한자를 익혀보도록 합시다. 손 手(수)자는 손가락 5개를 본떠서 만든 글자이지만 고대 한자에서는 일반적으로 손가락을 3개로 표현했고 손 手(수)자의 변형도 매우 다양합니다.

**手**

**손 수**

手(손 수 ; 手 - 총 4획)

---

자형해설　金文(금문)의 手(수)자는 손의 모습과 비슷하다. 그러나 이미 그림이 아니라 부호화했다. 나중에 의미가 변해 손재간(才 재주 재), 직접 등의 의미를 표현했다.

상관어휘　手談(수담)　歌手(가수)

난 이 도　한자능력검정시험 읽기 7급

---

**看**

**볼 간**

看(볼 간 ; 目 - 총 9획)

---

자형해설　看(간)자의 본의는 "관망하다"이다. 사람들은 햇빛 아래서 보다 잘 보기 위해 왕왕 손으로 눈을 가리고 쳐다본다. 볼 看(간)자는 눈 目(목)자와 손 手(수)자를 사용하여 이런 함의를 표현한다.

상관어휘　看護(간호)　看板(간판)

난 이 도　한자능력검정시험 읽기 4급 쓰기 3급 Ⅱ

---

系
이을 **계**

系(이을 계 ; 糸 - 총 7획)

**자형해설**　系(계)자의 자형은 한 손으로 두 묶음의 실타래를 잡고 있다. 본의는 連屬
(연속)이다. 맬 繫(계)자와 같다. 또 繼承(계승)의 의미도 있다. 여기서 의미
가 발전하여 系譜(계보)의 뜻도 생겼다.

**상관어휘**　系譜(계보)　連繫(연계)

**난이도**　한자능력검정시험 읽기 3급Ⅱ 쓰기 3급

---

失
잃을 **실**

失(잃을 실 ; 大 - 총 5획)

**자형해설**　잃을 失(실)자의 戰國(전국) 시대의 자형으로 볼 때 잃을 失(실)자는 손의
형상을 한 모습에서 물건이 아래로 떨어지고 있다. 그러므로 본의는 "잃어
버리다"이다.

**상관어휘**　紛失(분실)　千慮一失(천려일실)

**난이도**　한자능력검정시험 읽기 6급 쓰기 5급Ⅱ

又

또 우

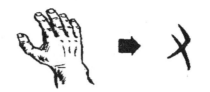

又(또 우 ; 又 - 총 2획)

자형해설 又(우)자는 상형자로 오른손의 모습이다. 갑골문과 金文(금문)은 又(우)자를 가차하여 오른쪽 右(우)자와 도울 祐(우) 혹은 있을 有(유)자로 사용했다.

상관어휘 又來屋(우래옥)　日新又日新(일신우일신)

난 이 도 한자능력검정시험 읽기 3급 쓰기 3급

尤

더욱 우

尤(더욱 우 ; 尢 - 총 4획)

자형해설 갑골문의 尤(우)자는 손 (手 수)자의 위쪽에 지사부호로 짧은 횡선을 그어 이것은 당연히 하지 말아야 하는 일을 표시했다. 본의는 "과실", "죄"이다.

상관어휘 蚩尤(치우)　尤物(우물)

난 이 도 한자능력검정시험 읽기 3급 쓰기 2급

# 有
## 있을 유

有(있을 유 ; 月 - 총 6획)

---

**자형해설**  갑골문에 又(우)자는 있을 有(유)자로 되어있다. 또 갈 止(지)자도 有(유)자의 모습이다. 金文(금문)은 又(우)자 아래에 月(월)자를 더하여 고기 덩이를 잡은 모습에서 "취득하다", "점유"하다"라는 의미를 표시했다. 여기서 의미가 발전하여 존재, 발생 등을 표시했다.

**상관어휘**  有名人士(유명인사)  有識(유식)

**난이도**  한자능력검정시험 읽기 7급

---

# 友
## 벗 우

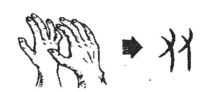

友(벗 우 ; 又 - 총 4획)

---

**자형해설**  友(우)자는 오른 손 두 개가 가까이 겹쳐져 있는 모습으로 친구를 표시한다. 『說文(설문)』에 "뜻을 같이 하는 사람이 친구다.(同志爲友.)"라고 했다. 벗 朋(붕)자는 "무리를 만들다."는 의미를 포함하고 있다. 友(우)자에는 이런 의미가 없다.

**상관어휘**  朋友(붕우)  友情(우정)

**난이도**  한자능력검정시험 읽기 5급Ⅱ 쓰기 5급

---

## 爪
### 손톱 조

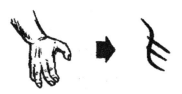

爪(손톱 조 ; 爪 - 총 4획)

**자형해설** 손톱 爪(조)자의 자형은 손을 뒤집어 물건을 잡고 있는 사람의 한쪽 손이다. 잡을 조(抓)자의 본래 글자다. 손(手)의 모습은 캘 采(채), 할 爲(위), 받을 受(수) 등의 자형에서 잘 알 수 있다. 나중에 爪(조)자는 사람의 손톱 혹은 발톱이나 짐승의 발을 가리키게 되었다.

**상관어휘** 魔爪(마조 : 마수)　爪甲(조갑)

**난 이 도** 한자능력검정시험 읽기 1급 쓰기 1급

## 爲
### 할 위

爲(할 위 ; 爪 - 총 12획)

**자형해설** 갑골문의 爲(위)자는 한손으로 코끼리를 끌고 가 사람을 위해 일을 하는 코끼리 모습이다. 여기서 "하다"라는 의미가 생겼다.

**상관어휘** 行爲(행위)　無作爲(무작위)

**난 이 도** 한자능력검정시험 읽기 4급Ⅱ 쓰기 4급

受
받을 **수**

受(받을 수 ; 又 - 총 8획)

---

[자형해설] 受(수)자의 갑골문은 위의 손(爪)으로 무언가를 아래 손(又)에게 주고받는 모습이다. 그림 문자를 보면 이 물건이 배 舟(주)자와 닮았지만 후에 간략하게 변해 현재의 모습이 되었다. 여기에 손 扌(수)자를 더하면 줄 授(수)자가 된다.

[상관어휘] 接受(접수)  授受(수수)

[난 이 도] 한자능력검정시험 읽기 4급 II 쓰기 4급

---

ㅋ(계)/彑(계) / 크(계) 계 : 이 세 부수들은 모두 고슴도치나 돼지 머리를 본 떠 만든 글자인 동시에 손의 모습을 본떠 만든 글자들이다. 하지만 고슴도치로 사용할 때는 앞 두 글자 : ㅋ(계)/彑(계)를 사용하고 손의 모습으로 사용할 때는 마지막 자 크(계)를 사용한다. 이들 부수는 단독으로 자를 형성하지 않고 다른 자형과 함께 글자를 만든다.

尹
다스릴 **윤**

尹(다스릴 윤 ; 尸 - 총 4획)

---

[자형해설] 尹(윤)자의 자형은 한손으로 권력을 상징하는 지팡이를 잡고 있다. 이는 백성을 관리하는 권력이 있음을 표시한다. 본의는 "다스리다"이다. 고대의 지위가 비교적 높은 관리를 가리키기도 한다.

[상관어휘] 令尹(영윤)  判尹(판윤)

[난 이 도] 한자능력검정시험 읽기 4급 II 쓰기 4급

---

印
도장 **인**

印(도장 인 ; 卩 - 총 6획)

印(인)자는 누를 抑(억)자의 본래 자이다. 의미는 "아래를 향해 누르다"이다. 자형은 한 손으로 무릎을 꿇고 있는 사람을 강하게 누르는 모습이다. 나중에 의미가 변하여 인장의 印(인)자가 되었다. 왜냐하면 도장을 찍을 때 아래로 누르는 동작이 있기 때문이다.

상관어휘  印章(인장)  印刷(인쇄)

난이도  한자능력검정시험 읽기 4급Ⅱ 쓰기 4급

妻
아내 **처**

妻(아내 처 ; 女 - 총 8획)

자형해설 妻(처)자의 자형은 여인의 긴 머리칼을 다른 사람이 한 손으로 잡고 있는 모습이다. 그런데 고대에는 여인의 머리칼은 남편만이 만질 수 있었다. 그러므로 갑골문은 이런 상황을 이용하여 妻(아내)의 개념을 설명했다.

상관어휘  妻妾(처첩)  妻家(처가)

난이도  한자능력검정시험 읽기 3급Ⅱ 쓰기 3급

## 一字多音

| | | | |
|---|---|---|---|
| 齊(다스릴 제) : 一齊(일제) | 則(곧 즉) : 卽時(즉시) |
| 齊(재계할 재) : 齊戒(재계) | 則(법칙 칙) : 規則(규칙) |

| | | | |
|---|---|---|---|
| 辰(별 진) : 任辰年(임진년) | 徵(부를 징) : 徵兵(징병) |
| 辰(날 신) : 生辰(생신) | 徵(가락 치) : 宮商角徵羽(궁상각치우) |

| | | | |
|---|---|---|---|
| 參(참여할 참) : 參席(참석) | 差(어긋날 차) : 差別(차별) |
| 參(별이름 삼) : 參星(삼성) | 差(층질 치) : 參差(참치) |
| 參(셋 삼) : 壹貳參肆(일이삼사) | |

## 故事成語

結者解之(결자해지)                                  洪萬鍾 『旬五志』

일을 시작한 사람이 끝 맺는다, 혹은 원인을 제공한 사람이 해결을 해야 한다는 뜻으로 쓰인다.

結草報恩(결초보은)                                  『左傳 · 宣公』

죽어 혼령이 되어도 은혜를 잊지 않고 갚음.

傾國之色(경국지색)                        『漢書 · 外戚傳下 · 孝武李夫人』

나라의 운명을 위태롭게 할 만한 절세미인.

驚天動地(경천동지)                        酈道元 『水經注 · 河水』

하늘을 놀라게 하고 땅을 들썩거리게 한다. 세상을 몹시 놀라게 한다는 말.

鏡花水月(경화수월)　　　　　　　　　　　　　　　　　胡應麟『詩藪』

본래는 거울에 비친 꽃과 물에 비친 달을 말하지만 볼 수만 있고 가질 수 없는 것을 비유함.


鷄鳴狗盜(계명구도)　　　　　　　　　　　　　　　　　　『史記 · 孟嘗君傳』

닭의 울음소리를 잘 내는 자와 개로 변장하여 도둑질을 잘 하는 자의 도움으로 맹상군(孟嘗君)이 위기를 모면한 고사에서 비롯된 말. 작은 재주가 뜻밖에 큰 구실을 함.


## 名言 / 格言


諺曰 : 一犬吠形, 百犬吠聲.　　　　　　　　　　　　　王符『潛夫論 · 賢難』

속담에 말하기를 "개 한 마리가 그림자를 보고 짖으면, 모든 개가 따라 짖는다."

　　諺 : 상말 언, 속담
　　吠 : 짖을 폐, 개 짖는 소리
　　形 : 모양 형 , 여기서는 자신의 그림자를 말함.


一人傳虛, 萬人傳實.　　　　　　　　　　　　　　　　王符『潛夫論 · 賢難』

한사람이 헛된 말을 전파하면, 만인이 사실인 것처럼 전한다.

　　傳 : 전할 전, 전달하다
　　虛 : 빌 허, 事實(사실)이 아닌 것


士爲知己者死, 女爲悅己者容.　　　　　　　　　　　　『史記 · 報任安書』

선비는 자기를 알아주는 자를 위해 죽고 여자는 자기를 기쁘게 해주는 자를 위해서 용모를 단장한다.

　　爲 : 할 위, 인정할 위.
　　悅 : 기쁠 열, 좋아하다
　　容 : 얼굴 용, 즉 용모를 꾸밈.

宋人得玉, 獻諸司城子罕, 子罕不受。獻玉者曰, "以示玉人, 玉人以爲寶, 故獻之。" 子罕曰, "我以不貪爲寶, 爾以玉爲寶。若以之與我, 皆喪寶也, 不若人各有其寶。" 『蒙求』

송나라 사람이 옥을 얻어 사성 자한에게 바쳤는데 자한은 받지 않았다. 옥을 바친 사람이 "옥장이에게 보였더니 보배라고 여기기에 바칩니다."라 하니, 자한이 대답했다. "나는 탐내지 않는 것을 보배로 여기고 자네는 옥을 보배로 여기고 있네. 만약 그것을 내게 준다면 우리 모두 보배를 잃는 것일세. 우리 각자가 보배로 여기는 것을 가지고 있는 것이 나을 거네."

> 宋人 : 송나라 사람(송나라는 춘추시대의 제후국)
> 獻 : 발칠 헌, 드리다, 바치다.
> 諸 : ~에, ~에게. 어조사 저 (여기서는 '모두"여러'를 뜻하는 '제'가 아니라 '저'로 읽는다.) 之於의 합음사(合音詞)다.
> 司城 : 관직이름으로 사공(司空)이라고도 한다.
> 子罕 : 춘추시대 송나라 사람 낙희(樂喜)의 字. 罕 드물 한
> 弗 : 아닐 불, 아니다.
> 以爲~ : ~으로 여기다, ~으로 생각하다, ~으로 삼다.
> 以~爲~ : ~을 ~로 여기다, ~을 ~로 삼다, ~을 ~으로 생각하다.
> 貪 : 탐낼 탐, 탐내다, 탐하다.
> 爾 : 너 이, 너, 너희.
> 若 : 만약, 만일.
> 之 : 여기서는 '그것'이라는 대명사로 사용되었다.
> 與 : 주다, 베풀다.
> 皆 : 모두 계, 함께.
> 喪 : 읽을 상, 잃어버리다.
> ~不若~ : ~보다 ~가 낫다, 비교급 표현.

| 結 | 者 | 解 | 之 | 傾 | 國 | 之 | 色 |
|---|---|---|---|---|---|---|---|
| 맺을 **결** | 놈 **자** | 풀 **해** | 갈 **지** | 기울 **경** | 나라 **국** | 갈 **지** | 빛 **색** |

| 맺은 사람이 그것을 푼다. 즉 원인을 제공한 사람이 해결을 해야 한다는 뜻으로 쓰인다. | | | | 나라의 운명을 위태롭게 할 만한 절세미인. | | | |
|---|---|---|---|---|---|---|---|
| 結 | 者 | 解 | 之 | 傾 | 國 | 之 | 色 |
| 結 | 者 | 解 | 之 | 傾 | 國 | 之 | 色 |
| | | | | | | | |
| | | | | | | | |
| | | | | | | | |
| | | | | | | | |
| | | | | | | | |
| | | | | | | | |
| | | | | | | | |

## 第六課

# 손 2

### 生活漢字

#### 政治用語

與黨 野黨 國會 政府 入閣 更迭 大統領 頂上會談 裁量權 跛行
彈劾 公薦 選擧 落馬 補闕選擧 擧手機 浮動層 職權濫用 獨裁
維新憲法 鐵券統治 金權政治 政經癒着

　五課에 이어 본과에서는 손과 관련된 한자 부수 중 臼(구), 廾(공), 寸(촌), 支(지), 攴
(복), 夊(복) , 殳(수)자 등을 공부해봅시다.

　臼(절구 구)자는 아래로 나란히 내민 두 손이다. 본래 절구나 함정의 모양을 표현했다.
이런 글자로 舂(찧을 용) 陷(빠질 함)자가 있다.
　하지만 學(학) 覺(각) 興(흥) 盥(관) 등의 한자에서는 두 손을 의미한다.

배울 **학**

學(배울 학 ; 子 - 총 16획)

**자형해설** 學(학)자의 본의는 두 손을 사용하여 아들이 아버지에게 새끼를 꼬아 초가 지붕을 만드는 것을 배우는 모습이다. 상반부 爻(효)자가 의미를 나타내고 양 옆에 두 손(臼)이 있다. 이는 합력하여 집을 짓다는 의미이다. 金文(금문) 은 처음으로 子(자)자를 첨가하여 그 의미를 분명히 했다.

**상관어휘** 學校(학교)   敎學相長(교학상장)

**난이도** 한자능력검정시험 8급

---

대야 **관**

盥(대야 관 ; 皿 - 총 16획)

**자형해설** 盥(관)자의 자형은 물이 담긴 대야에 한 손(手)을 넣는 모습이다. 본의는 "손 을 씻다"이다. 얼마 전까지 盥洗室(관세실, 화장실)이란 명사로 상용했다.

**상관어휘** 盥盆(관분)   盥手(관수)

**난이도** 한자능력검정시험 읽기 특급 쓰기 특급

---

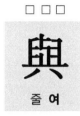

**與**

줄 여

與(줄 여 ; 臼 - 총 14획)

**자형해설** 與(여)자의 본의는 "주다"이다. 초기 자형은 상하 각각 한 손으로 상아를 잡고 서로 교환하는 상황이다. 나중에 의미가 발전하여 왕래, 참여 등을 나타냈다.

**상관어휘** 給與(급여)  與黨(여당)

**난 이 도** 한자능력검정시험 읽기 4급 쓰기 3급 II

---

**共**

함께 **공**

共(함께 공 ; 八 - 총 6획)

**자형해설** 갑골문의 共(공)자는 두 손(廾 공)으로 사각형의 물건을 받들어 올리는 모습이다. 이는 받들어 올리다(供奉;공봉), 共同(공동) 등의 의미를 표시한다. 廾(손 맞잡을 공)자는 나란히 위로 내민 두 손의 모습이다. 주로 아랫사람이 윗사람에게 무엇인가를 드릴 때 혹은 제사를 올릴 때 많이 보인다.

**상관어휘** 共同(공동)  共助(공조)

**난 이 도** 한자능력검정시험 읽기 6급 II 쓰기 6급

**弄**

희롱할 **농**

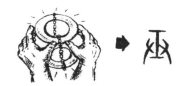

弄(희롱할 농 ; 廾 - 총 7획)

---

**자형해설** 弄(농)자의 본의는 "손으로 만지며 감상하고 노는 것"이다. 자형은 두 손(廾)으로 옥을 받들어 보면서 감상하는 모습이다. 옥은 고대에 만지며 감상하는 귀중한 물건이었다. 나중에 여기서 의미가 발전하여 희롱하다, 악기연주 등의 의미를 갖게 되었다.

**상관어휘** 弄談(농담)　戱弄(희롱)

**난 이 도** 한자능력검정시험 읽기 3급Ⅱ 쓰기 3급

---

**秦**

벼 이름 **진**

秦(벼 이름 진 ; 禾 - 총 10획)

---

**자형해설** 秦(진)자는 본래 지명으로 지금 陝西省(섬서성) 중부 일대에 있던 고대 제후국의 이름이다. 자형은 이 지역에서 벼가 생산되어 두 손으로 절구 공이를 들고 벼를 도정하는 것을 표시했다. 秦(진)자에서 벼 禾(화)자가 없는 "윗부분"은 "舂(찧을 용)"자에서 절구 臼(구)자가 생략된 모습이다.

**상관어휘** 秦始皇(진시황)　秦越(진월)

**난 이 도** 한자능력검정시험 읽기 2급 쓰기 2급

## 寸
### 마디 촌

寸(마디 촌; 寸 - 총 3획; )

**자형해설** 寸(촌)자는 손 又(우)자와 一(일)자로 구성되었고 이 부분은 손바닥에서 1촌이 되는 곳으로 1촌의 길이를 표시한다. 寸(촌)자의 자형은 손가락 세 개와 맥박이 뛰는 부위를 형상화했다. 상형문자에 점을 제외하면 又(우)자와 같다. 맥박이 규칙적으로 뛰듯이 寸(촌)자를 포함하는 한자는 법칙이나 인도함을 표시한다.

**상관어휘** 寸尺(촌척)  寸志(촌지)

**난 이 도** 한자능력검정시험 8급

## 守
### 지킬 수

守(지킬 수; 宀 - 총 6획)

**자형해설** 守(수)자의 본의는 "보호하다"이다. 宀(면)자는 집이고 寸(촌)자는 손으로 집을 지키는 모습이다. 나중에 의미가 변하여 "유지하다", "준행하다", "지조" 등을 나타냈다.

**상관어휘** 守備(수비)  守則(수칙)

**난 이 도** 한자능력검정시험 읽기 5급 쓰기 4급 II

## 封
**봉할 봉**

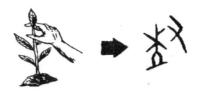

封(봉할 봉 ; 寸 – 총 9획)

**자형해설** 갑골문과 金文(금문)의 封(봉)자 자형은 모두 손으로 흙을 북돋우어 나무를 심는 모습이다. 고인들은 이런 방식으로 지역의 경계선을 정했다. 그러므로 "경계"라는 의미가 있다. 또 封(봉)자는 흙을 모아 무덤을 만들다라는 뜻도 있다.

**상관어휘** 封邑(봉읍)　封墳(봉분)

**난이도** 한자능력검정시험 읽기 3급Ⅱ 쓰기 3급

## 付
**줄 부**

付(줄 부 ; 人 – 총 5획)

**자형해설** 付(부)자의 자형은 한손으로 다른 사람에게 무엇인가를 주는 모습이다. 손을 나타내는 金文(금문)의 자형은 又(우)자를 많이 사용했고 小篆(소전)은 寸(촌)자를 썼다.

**상관어휘** 反對給付(반대급부)　付標(부표)

**난이도** 한자능력검정시험 읽기 3급Ⅱ 쓰기 3급

손(手, 又)과 연관된 한자로 손에 막대기(支 지) 혹은 회초리(攴 복)를 들고 있는 형상의 자들에 관해 배워본다.

□ □ □

支
가를 지

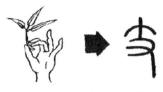

支(가를 지 ; 支 - 총 4획)

**자형해설** 가를 支(지)자는 가지 枝(지)자의 본래 글자다. 자형은 원래 손(又 우)에 나무 가지(十)를 들고 있는 모습이다. 여기서 의미가 발전하여 "갈래", "지출", "사지" 등의 의미가 생겼다.

**상관어휘** 支店(지점)  支出(지출)

**난이도** 한자능력검정시험 읽기 3급 II 쓰기 3급

□ □ □

丈
어른 장

丈(어른 장 ; 一 - 총 3획)

**자형해설** 丈(장)자는 지팡이 杖(장)자의 본래 글자다. 한 손(又 우)에 지팡이(十 십)를 들고 길이를 재고 있는 모습이다. 隸書(예서)가 왜 이렇게 변했는가는 支(지)자를 참고하면 된다. 나중에 의미가 변해 10尺(척)을 1丈(장)이라고 했다.

**상관어휘** 丈人(장인)  丈夫(장부)

**난이도** 한자능력검정시험 읽기 1급 쓰기 특급

技
재주 **기**

技(재주 기 ; 手 - 총 7획)

**자형해설** 技(기)자는 형성자로 자형은 손(扌)으로 대나무 가지(支)를 잡고 있는 모습이다. 댓가지는 섬세하고 정교하다는 의미를 갖고 있다. 본의는 기교, 기능을 표시한다.

**상관어휘** 技術(기술)　特技(특기)

**난 이 도** 한자능력검정시험 읽기 5급 쓰기 4급 Ⅱ

---

肢
사지 **지**

肢(사지 지 ; 肉 - 총 8획)

**자형해설** 肢(지)자는 회의자로 고기 한 덩이를 손에 들고 있는 모습이다. 四肢(사지)는 육체의 한 부분이고 인체의 일부임을 표시한다.

**상관어휘** 肢體(지체)　前肢(전지)

**난 이 도** 한자능력검정시험 읽기 1급 쓰기 특급

攴(복)자와 攵(복)자는 같은 자이다. 攴(복)자를 보면 한 손에 막대기를 들고 있는 모습이다. 후에 소리를 나타내는 점 卜(복)자를 더했다. 즉 손으로 막대기나 무엇인가를 들고 두들기거나 때리는 모습이다.

敗(깨뜨릴 패; 攴 - 총 11획)

**깨뜨릴 패**

| 자형해설 | 敗(패)자는 좌우로 분리된다. 왼쪽 貝(패)는 솥 鼎(정)을 의미하고 오른 쪽 攵(칠 복)은 한손에 작은 방망이를 들고 있는 모습이다. 즉 한손에 작은 방망이를 들어 솥을 치는 것을 그린 것이다. 고대 한자인 金文(금문)에는 솥 鼎(정)자가 貝(패)자로 되어 있다. 그래서 현재의 敗(패)자가 되었고 원래 의미는 "망가지다"라는 뜻이다.

| 상관어휘 | 敗北(패배)   敗家亡身(패가망신)
| 난 이 도 | 한자능력검정시험 읽기 5급 쓰기 4급Ⅱ

改(고칠 개; 攴 - 총 7획)

**고칠 개**

| 자형해설 | 改(개)자는 어린 아이가 무릎을 꿇고 앉아있고 그 옆에 한손에 회초리를 들고 아이를 때리는 모습이다. 이는 아이가 범한 잘못을 고치려는 것이다. 글자의 본의는 변경, 변화다.

| 상관어휘 | 改過遷善(개과천선)   改革(개혁)
| 난 이 도 | 한자능력검정시험 읽기 5급 쓰기 4급Ⅱ

## 散
**흩어질 산**

散(흩어질 산 ; 攴 – 총 12획)

**자형해설** 散(산)자는 원래 수풀 林(림)과 攴(복)자로 구성되었다. 金文(금문)의 자형은 손에 곤봉을 들고 나무껍질 같은 것을 가볍게 두드려 느슨하게 만드는 형상이다. 후에 다시 月(월)자를 첨가해 밤에 일하는 것을 표시하기도 한다. 본의는 분리, 분산이다.

**상관어휘** 散文詩(산문시)　散亂(산란)

**난 이 도** 한자능력검정시험 읽기 5급 쓰기 4급 II

---

## 收
**거둘 수**

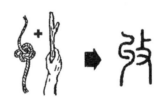

收(거둘 수 ; 攴 – 총 6획)

**자형해설** 收(수)자의 자형은 攴(칠 복)자와 丩(糾 모을 규)자로 구성되었다. 때려서 모으는 모습이다. 본의는 "체포하다"이고 "세금을 거두다"라는 의미로 사용한다.

**상관어휘** 收金(수금)　收入(수입)

**난 이 도** 한자능력검정시험 읽기 4급 쓰기 4급 II

## 殳
### 창 수

殳(창 수 ; 殳 - 총 4획)

---

**자형해설** 殳(수)자는 창이나 몽둥이 같은 무언가를 잡기 위한 무기를 손에 들고 있는
모습이다. 고대 병기의 이름으로 대나무나 나무로 만들었다. 길이는 12자정
도이고 한쪽 끝이 모가 났지만 날이 없다. 杸(팔모진 창 수)로도 썼다.

**상관어휘** 殳書(수서)  戈殳(과수)

**난 이 도** 한자능력검정시험 읽기 특급 쓰기 특급

---

## 殺
### 죽일 살

殺(죽일 살 ; 殳 - 총 11획)

---

**자형해설** 殺(살)자의 자형은 돼지 목을 날카로운 것이 찔렀고 꼬리가 아래로 쳐져 있
다. 돼지가 살해된 것이다. 혹자는 돼지가 아니라 "지네"라고도 한다. 小篆
(소전) 이후 殳(창 수)자가 첨가되어 의미를 표현했다. 본의는 "살해"이다.

**상관어휘** 殺人(살인)  殺害(살해)

**난 이 도** 한자능력검정시험 읽기 4급 II 쓰기 4급

---

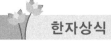

一字多音

| | | | |
|---|---|---|---|
| 拓(넓힐 척) | : 干拓地(간척지) | 推(밀 추) | : 推薦(추천) |
| 拓(박을 탁) | : 拓本(탁본) | 推(밀 퇴) | : 推敲(퇴고) |
| 沈(잠길 침) | : 沈沒(침몰) | 斟(술따를 침) | : 斟酒(침주) |
| 沈(성 심) | : 沈氏(심씨) | 斟(짐작할 짐) | : 斟酌(짐작) |
| 便(편할 편) | : 便利(편리) | 暴(드러낼 폭) | : 暴露(폭로) |
| 便(오줌 변) | : 便所(변소) | 暴(사나울 포) | : 暴惡(포악) |

故事成語

鼓腹擊壤(고복격양) 　　　　　　　　　　　　　　　『十八史略』

배가 불러 배를 두들기고 풍년이 들어 땅을 두드리며 노래함. 태평성대를 이르는 말.

孤城落日(고성낙일) 　　　　　　　　　　　　　王維「送韋評事」

해가 지는 배경으로 성(城) 하나만이 외로이 있음. 망할 때가 얼마 남지 않아 근심되고 서러운 지경을 비유하는 말.

孤掌難鳴(고장난명) 　　　　　　　　　　　　　『韓非子・功名』

손바닥 하나로는 소리가 나지 않는다. 혼자 힘으로 일하기 어렵다는 말로 쓰인다. 서로 같으니까 싸움이 난다는 말로도 쓰인다.

苦盡甘來(고진감래) 　　　　　　　　　　　　　關漢卿「蝴蝶夢」

괴로움이 다하면 즐거움이 온다. 즉 고생 끝에 낙이 온다는 말.

曲學阿世(곡학아세)　　　　　　　　　　　　　　　　　　　　『史記·儒林列傳』

학문을 왜곡하여 세속에 아부함. 의연하게 진실하지 못한 학자의 양심과 태도를 비판
하는 말로 쓰인다.


過猶不及(과유불급)　　　　　　　　　　　　　　　　　　　　　『論語·先進』

지나친 것은 오히려 그 정도가 모자라는 것만 못하다는 의미.


名言 / 格言


積土成山風雨興焉, 積水成淵蛟龍生焉.　　　　　　　　　　　『荀子·勸學』

흙이 쌓여 산을 이루어야 비바람이 일고, 물이 모여서 못을 이루어야 용이 날 수 있다.

積 : 쌓을 적　　　　　　　　　　　　　興 : 일 흥
焉 : 어조사 어찌 언　　　　　　　　　淵 : 연못 연
蛟龍: 교룡, 제왕에 대한 비유


呑舟之魚, 不遊支流, 鴻鵠高飛, 不集汚池.　　　　　　　　　『列子·楊朱』

배를 삼킬 만한 큰 물고기는 얕은 지류에서 아니 놀고, 홍곡은 높이 날지 더러운 연못
에 모이지 않는다.

呑 : 삼킬 탄　　　　　　　　　　　　　支流 : 지류, 얕은 물
鴻鵠 : 큰 기러기 홍 ; 고니 곡　　　　汚 : 더러울 오


良農不爲水旱不耕.　　　　　　　　　　　　　　　　　　　　　『荀子·修身』

훌륭한 농부는 홍수가 나거나 가물어도 농사를 버리지 않는다. 천직이라 여기는 일은
시련이 있다 해도 그만둘 수 없다

良 : 좋을 량, 良農 좋은 농부　　　　旱 : 가물 한
耕 : 밭갈 경, 農耕 : 농사짓다.　　　　水 : 홍수를 의미. 동사

한자쓰기 연습

| 曲 | 學 | 阿 | 世 | 過 | 猶 | 不 | 及 |
|---|---|---|---|---|---|---|---|
| 굽을 **곡** | 배울 **학** | 언덕 **아** | 대 **세** | 지날 **과** | 오히려 **유** | 아닐 **불** | 미필 **급** |

| 학문을 왜곡하여 세속에 아부함. 학자의 양심과 태도를 비판하는 말로 쓰인다. | | | | 지나친 것은 오히려 모자라는 것만 못한 것과 같다. | | | |
|---|---|---|---|---|---|---|---|
| 曲 | 學 | 阿 | 世 | 過 | 猶 | 不 | 及 |
| 曲 | 學 | 阿 | 世 | 過 | 猶 | 不 | 及 |
| | | | | | | | |
| | | | | | | | |
| | | | | | | | |
| | | | | | | | |
| | | | | | | | |
| | | | | | | | |
| | | | | | | | |

## 第七課

# 발

 **生活漢字**

---

### 家族關係

父母　兄弟　姉妹　長男　次男　長女　次女　孫子　孫女　姑母(夫)
姨母(夫)　伯父　伯母　叔父　叔母　丈人　丈母　唐叔　外叔　媤父母
兄夫　妻兄　妻男　妻弟　妹兄　妹弟

---

　본 과에서는 발의 모양을 표현하는 한자를 공부한다. 대표적인 부수로 止(지), 足(족)
夂(치), 夊(쇠), 疋(소), 舛(천) 등이 있다.

止

그칠 지 / 발 지

止((그칠 지/ 발 지 ; 止 – 총 4획)

---

**자형해설** 止(지)자는 발 趾(지)자의 본래 자로 발을 가리킨다. 갑골문의 자형은 한쪽 발이다. 그런데 발가락이 이미 생략되어 세 개만 있다. 이미 그림이 아니라 문자부호라고 할 수 있다. 나중에 "지나온 자취"라는 의미가 생겼다.

**상관어휘** 禁止(금지) 停止(정지)

**난 이 도** 한자능력검정시험 읽기 5급 쓰기 4급Ⅱ

---

步

걸음 보

步(걸음 보 ; 止 – 총 7획)

---

**자형해설** 步(보)자는 두 발을 위 아래로 붙인 모습이다. 고대에 한 걸음씩 번갈아 나가 는 것을 一步(일보)라고 했다. 특히 楷書(해서)의 步(보)자는 아래가 少(소) 자가 아니라 윗부분 小(소)의 우측 점이 없다. 글자를 쓸 때 특별히 조심해야 한다.

**상관어휘** 步行(보행) 牛步(우보)

**난 이 도** 한자능력검정시험 읽기 4급 쓰기 4급Ⅱ

---

## 歷

지낼 **력**

歷(지낼 력 ; 止- 총 16획)

---

**자형해설** 歷(력)자의 본의는 "경과하다"다. 갑골문의 歷(력)자는 한 발이 숲속을 걸은 것 같은 모습이다. 농부들이 숲속에서 곡식을 살피는 것을 나타낸다. 金文 (금문)은 木(목)자를 禾(화)자로 고쳤고 또 厂(기슭 엄)자를 첨가해 걷는 곳 이 절벽임을 강조했다.

**상관어휘** 歷史(역사)   經歷(경력)

**난 이 도** 한자능력검정시험 읽기 5급 쓰기 5급 II

---

## 此

이곳 **차**

此(이곳 차 ; 止 - 총 6획)

---

**자형해설** 此(차)자의 우변(匕 비)은 원래 서있는 사람(亻)의 형상이 뒤집어진 모습이 고 좌변은 한쪽 발(止)이다. 즉 사람이 서 있는 곳, 바로 "이곳", "여기"라는 의 미가 이 글자의 본의다. 독특하게도 止(지)자는 이 글자의 의미 부분인 동시 에 발음을 표시한다.

**상관어휘** 此後(차후)   如此(여차)

**난 이 도** 한자능력검정시험 읽기 3급 II 쓰기 3급

---

足
발 족

足(발 족 ; 足 – 총 7획)

足(족)자는 장단지 모양을 나타내는 口(구)자와 止(지)자가 합쳐진 상형자
다. 갑골문은 足(족)자와 正(정)자의 자형이 같다. 足(족)자의 다른 자형은
사람의 발(脚 각) 모습이다. 하반부의 "脚(각)"部를 楷書(해서)는 발 疋(소)
자로 썼다.

足球(족구)   充足(충족)

한자능력검정시험 읽기 7급Ⅱ 쓰기 7급

---

疋
발 소 / 짝 필

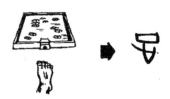

疋(발 소[짝 필] ; 疋 – 총 5획)

疋(소)자는 足(족)자의 생략형이다. 종아리를 나타내는 口(구)자가 없다. 발
이란 의미로 단독으로 사용되기 보다는 다른 자형과 합쳐서 소리를 나타낸
다. 예 疏(소) 楚(초)
짝 疋(필)로 쓰일 때는 匹(필)자와 통용된다.

疋緞(필단)

한자능력검정시험 읽기 1급 쓰기 특급

# 疑
**의심할 의**

疑(의심할 의 ; 疋 - 총 14획)

**자형해설** 疑(의)자의 본의는 "미혹되어 주저하고 결정하지 못함"이다. 갑골문의 자형은 한 사람이 지팡이를 짚고 사거리에서 이리 저리 살피면서 길을 잃은 모습이다. 金文(금문)은 소 牛(우)자를 첨가하여 이 사람이 소를 잃어 버렸기 때문에 배회하고 있음을 표시했다.

**상관어휘** 疑惑(의혹)　嫌疑(혐의)

**난 이 도** 한자능력검정시험 읽기 4급 쓰기 3급 II

---

# 旋
**돌 선**

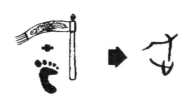

旋(돌 선 ; 方 - 총 11획)

**자형해설** 旋(선)자의 자형은 큰 깃대(方 방) 아래 발이 있는 모습이다. 하반부는 발의 모습으로 군대가 깃발을 들고 행진하며 승리하여 돌아오는 것을 표시했다.

**상관어휘** 凱旋(개선)　旋回(선회)

**난 이 도** 한자능력검정시험 읽기 3급 II 쓰기 3급

## 各
### 각각 **각**

各(각각 각 ; 口 - 총 6획)

各(각)자의 자형은 한쪽 다리가 외부에서 집의 입구로 걸어서 돌아오는 모습이다. 본의는 "오다(来), 도착하다(到)"다. 후에 이런 의미를 보통 格(격)자로 표현했다.

발 止(지)자의 변형으로 뒤에 올 夂(치)자와 천천히 걸을 夊(쇠)자가 있다. 두 글자는 단독으로 사용되는 경우가 거의 없다. 夂(치)자는 글자의 상부에 주로 오고(各 각), 夊(쇠)자는 止(지)자를 거꾸로 쓴 글자로 한자의 하부에 오는 경우(愛 애)가 많다. 요즘은 두 글자의 자형이 비슷하여 함께 사용하고 있다.

各出(각출)  各個戰鬪(각개전투)

한자능력검정시험 읽기 6급Ⅱ 쓰기 6급Ⅱ

---

## 冬
### 겨울 **동**

冬(겨울 동 ; 冫 - 총 5획)

冬(동)자의 본의는 終(끝낼 종)이다. 최초의 자형은 줄의 양 끝에 각기 매듭을 하나씩 만들어 종료의 의미를 표시했다. 나중에 겨울의 의미를 확실히 하기 위해 얼음(冰 빙)의 간략형인 두 점(冫 빙)을 넣었다. 또 뒤쳐져 올 夂(치)자를 사용하여 사계절 중 겨울이 끝임을 표시한다.

冬至(동지)  嚴冬雪寒(엄동설한)

한자능력검정시험 읽기 7급 쓰기 6급Ⅱ

## 處
**머무를 처**

處(머무를 처 ; 虍 - 총 11획)

---

**자형해설** 춘추전국 시대에 출토된 문물위에 새겨진 處(처)자의 형상은 한 사람이 등
받이가 없는 의자인 几(궤)에 기대어 쉬고 있는 모습이다. 본의는 "잠시 멈추
다"다. 나중에 발음을 표시하는 虍(호피 무늬 호)를 넣었다.

**상관어휘** 處所(처소)   處長(처장)

**난이도** 한자능력검정시험 읽기 4급Ⅱ 쓰기 4급

---

## 愛
**사랑 애**

愛(사랑 애 ; 心 - 총 13획)

---

**자형해설** 愛(애)자의 자형은 한 사람이 두 손으로 심장을 받들고(心), 입을 벌리고 있
는 모습이다. 마음속에 있는 애정을 말하는 모습이다. 발(夊)을 나타내는 글
자가 들어간 것은 두 사람이 은밀한 곳으로 가서 사랑을 말하는 것이라고도
한다.

**상관어휘** 愛情(애정)   愛慕(애모)

**난이도** 한자능력검정시험 읽기 6급 쓰기 5급Ⅱ

夏
여름 **하**

夏(여름 하 ; 夊 - 총 10획)

**자형해설** 夏(하)자의 자형은 머리(頁)와 손과 발이 있었으나 점차 생략되어 머리(頁혈)의 일부와 발(夊)만 남게 되었다. 여름에 기우제를 지내는 무당의 모습이다. 본의는 고대 중원지역의 종족 이름이다. 지금도 중국인은 자신을 華夏(화하) 民族(민족)이라고 부른다. 여름을 뜻하는 夏(하)자는 同音假借(동음가차)이다.

**상관어휘** 夏季(하계)　夏安居(하안거)

**난 이 도** 한자능력검정시험 읽기 7급 쓰기 6급

---

遣
보낼 **견**

遣(보낼 견 ; 辵 - 총 14획)

**자형해설** 遣(견)자의 갑골문의 자형은 두 손으로 용기 안에 흙덩어리를 넣는 모습이다. 원래는 제사의 일종이었다. 나중에 辵(착) 방이 첨가되어 석방하다, 파견하다는 의미를 표현했다.
쉬엄쉬엄 갈 辵(착)자는 주로 변에서 辶(착)자의 모습으로 사용한다.

**상관어휘** 派遣(파견)　遣支(견지)

**난 이 도** 한자능력검정시험 읽기 3급 쓰기 2급

舛(천) : 어그러질 舛(천)자는 걸을 夊(쇠)자와 걸을 과(牛)자가 합쳐진 글자다. 본의는 발의 방향이 서로 어긋나 어지럽고 어수선하다는 의미다. 하지만 다른 글자와 합쳐지면 두 발이란 의미를 표현한다.

□ □ □

**舞**
춤출 **무**

舞(춤출 무 ; 舛 – 총 14획)

**자형해설** 갑골문의 舞(무)자는 한 사람이 손에 소꼬리를 잡고 춤을 추는 모습이다. 나중에 가차되어 없음을 표시하는 無(무)자가 되었다. 그래서 두 발을 뜻하는 舛(천)자를 더해 두발이 어긋나게 춤을 추는 舞(무)자를 만들었다.

**상관어휘** 舞踊(무용)  舞臺(무대)

**난이도** 한자능력검정시험 읽기 4급 쓰기 3급

□ □ □

**降**
내릴 **강** /
항복할 **항**

降(내릴 강(항복할 항) ; 阜 – 총 9획)

**자형해설** 降(강/항)자의 좌변은 언덕(阜 부)이고 우변은 아래를 향하고 있는 두 발(夊 牛)이다. 이는 "높은 곳에서 낮은 곳을 향해 걸어가다."는 의미이다. 이때 발음은 "강"이다. 후에 의미가 변하여 굴복하다 등이 되었다. 이때 발음은 "항"이다.

**상관어휘** 下降(하강)  投降(투항)

**난이도** 한자능력검정시험 읽기 4급 쓰기 3급 II

□ □ □

# 韋

## 가죽 **위**

韋(가죽 위 ; 韋 - 총 9획)

**자형해설** 韋(위)자는 違(어길 위)자의 본래 자이다. 의미는 "떠나다"이다. 갑골문 韋 (위)자 중간에 있는 사각형은 짐승의 가죽이다. 발 두 개가 위와 아래에 각각 하나씩 있는데 서로 반대 방향을 향하고 가죽을 밟아 털을 제거하고 부드럽 게 만드는 것이다. 또 "違背(위배)하다"는 것을 표시한다.

**상관어휘** 韋編三絕(위편삼절)   韋袴布被(위고포피)

**난 이 도** 한자능력검정시험 읽기 2급 쓰기 1급

□ □ □

# 衛

## 지킬 **위**

衛(지킬 위 ; 行 - 총 16획)

**자형해설** 초기의 金文(금문)은 衛(위)자의 중간이 마을이고 사방에 발의 모습이 있었 다. 이는 위병이 그 지역을 순찰하면서 지키는 것을 나타낸다. 나중에 韋(위) 자를 발음부분으로 하고 行(행)자를 의미부로 삼았다.

**상관어휘** 護衛(호위)   衛星(위성)

**난 이 도** 한자능력검정시험 읽기 4급 Ⅱ 쓰기 4급

## 反意語

邪(간사할 사) : 邪惡(사악)　　　　　殺(죽일 살) : 殺生(살생)
邪(고을이름 야) : 琅邪(낭야)　　　　殺(감할 쇄) : 減殺(감쇄)

塞(변방 새) : 塞翁之馬(새옹지마)　　索(찾을 색) : 索引(색인)
塞(막을 색) : 閉塞(폐색)　　　　　　索(흩을 삭) : 索漠(삭막)

說(말씀 설) : 說明(설명)　　　　　　省(살필 성) : 反省(반성)
說(달랠 세) : 遊說(유세)　　　　　　省(덜 생) : 省略(생략)

屬(무리 속) : 附屬品(부속품)　　　　足(발 족) : 足跡(족적)
屬(부탁할 촉) : 屬託(촉탁),　　　　　足(지나칠 주) : 足恭(주공; 지나친 공경)

이 때 屬(촉)은 囑(촉)자와 통한다.

## 故事成語

瓜田不納履(과전불납리)　　　　　　　　　　　　　曹植「君子行」

오이밭에서 신을 고쳐 신지 말라. 혐의 받을 행동을 하지 말라는 의미.

過則勿憚改(과즉물탄개)　　　　　　　　　　　　　『論語·學而』

잘못을 하면 즉시 고치는 것을 주저하지 마라.

管鮑之交(관포지교)　　　　　　　　　　　　　　　『史記 ·管仲傳』

옛날 중국의 관중(管仲)과 포숙(鮑叔)처럼 친구 사이가 진실하고 다정함을 이르는 말.

刮目相對(괄목상대)　　　　　　　　　　　『三國志 吳書 呂夢傳』

눈을 비비고 다시 본다는 말로 곧 다른 사람의 학문이나 덕망, 기술 등이 크게 발전한 것을 살피는 것.


矯角殺牛(교각살우)　　　　　　　　　　郭璞『玄中記』

뿔을 고치려다 소를 죽인다. 작을 일에 힘쓰다가 일을 망친다는 말이다.


口蜜腹劍(구밀복검)　　　　　　司馬光『資治通鑒·唐玄宗天寶元年』

겉으로는 상냥한 체 남을 위하면서 마음속으로는 해칠 생각을 갖고 있음.


### 名言 / 格言


小人之學也, 入乎耳, 出乎口.　　　　　　　　　　　　『荀子·勸學』

소인의　학문은 귀로 들어가서 입으로 나온다. 즉 짧게 배우고 깊이 생각하지 않아 깨달은 바도 없으면서, 남에게 자신의 얕은 지식을 드러내는 것을 경계하는 글이다.

　　　小人 : 君子에 대비되는 말　　　　　乎 : 어조사 호


騏驥一躍不能十步, 駑馬十駕. 則亦及之. 功在不舍.　　『荀子·勸學』

준마라도 한 번에 십 보를 뛸 수 없고, 둔한 말이라도 열배로 수레를 끌고 가면 준마를 잡을 수 있다. 공은 포기하지 않는데 있다.

제아무리 명마라고 해도 단번에 천리를 뛸 수가 없고, 아무리 둔한 말이라 해도 십일을 뛰면 준마를 따라잡을 수 있다. 즉 재능이 부족해도 계속 노력하면 반드시 해낼 수 있다.

　　　騏驥(기기) : 천리마　　　　　躍 : 뛸 약, 跳躍(도약)
　　　駑馬(노마) : 둔한 말　　　　　駕 : 멍에 가
　　　及 : 미칠 급, 즉 도착하다　　　功 : 공 공, 공로
　　　舍 : 집 사, 捨 버릴 사 舍와 捨는 통용한다.

한자쓰기 연습

| 刮 | 目 | 相 | 對 | 矯 | 角 | 殺 | 牛 |
|---|---|---|---|---|---|---|---|
| 깎을 **괄** | 눈 **목** | 서로 **상** | 대답할 **대** | 바로잡을 **교** | 뿔 **각** | 죽일 **살** | 소 **우** |

| 눈을 비비고 다시 본다는 말로 곧 다른 사람의 학문이나 덕망이 크게 발전한 것을 말한다. | | | | 뿔을 고치려다 소를 죽인다. 작을 일에 힘쓰다가 일을 망친다는 말이다. | | | |
|---|---|---|---|---|---|---|---|
| 刮 | 目 | 相 | 對 | 矯 | 角 | 殺 | 牛 |
| 刮 | 目 | 相 | 對 | 矯 | 角 | 殺 | 牛 |
|  |  |  |  |  |  |  |  |
|  |  |  |  |  |  |  |  |
|  |  |  |  |  |  |  |  |
|  |  |  |  |  |  |  |  |
|  |  |  |  |  |  |  |  |
|  |  |  |  |  |  |  |  |
|  |  |  |  |  |  |  |  |

**교육용한자 중 음이 "가"자인 한자 정리 1**

(김종혁의 『部首를 알면 漢字가 보인다』에서 인용함.)

(1) 佳(아름다울 가): 亻(인변)으로 인해 사람의 자태가 아름답다 하여 그 뜻이 '아름답다'가 되고, 圭(홀 규)자로 인해 그 음이 '가'가 됨.

⇨ 佳자는 人(亻)자와 土자 두 개가 합쳐진 글자다. 이외에 土자 두 개가 합쳐진 圭(규)자는 閨(안방 규)·奎(별이름 규)·硅(규소 규)·街(거리 가)·桂(계수나무 계)·卦(점괘 괘)·崖(언덕 애)·蛙(개구리 와)·鞋(신 혜)자 등이 있다.

(2) 假(거짓 가): 亻(인변)으로 인해 다른 사람에게 무언가 임시로 빌린다는 데서 다시 그 의미가 확대되어 그 뜻이 '거짓'이 되고, 叚(빌릴 가)자로 인해 그 음이 '가'가 됨.

⇨ 假자는 人(亻)자와 叚자가 합쳐진 글자다, 叚자는 언덕의 위와 아래에 두 손이 있는 모양을 표현한 한자로, 暇(겨를 가)·蝦(새우 하=鰕)·遐(멀 하)·瑕(티 하)·霞(놀 하)자등이 있다.

(3) 價(값 가): 亻(인변)으로 인해 사람이 물건에 합당하다고 정한 값과 관련하여 그 뜻이 '값'이 되고, 賈(장사 고, 선 가)자로 인해 그 음이 '가'가 됨.

⇨ 價자는 人(亻)자와 襾자와 貝자가 합쳐진 글자다, 賈자는 襾(덮을 아)자로 인해 그 음이 '고'가 되고, 옛날 돈으로 쓰인 조개를 표현한 貝(조개 패)자로 인해 그 뜻이 돈을 버는 행위인 '장사'가 됨.

(4) 加(더할 가): 力(힘 력)자와 口(입 구)자로 쟁기로 부지런히 일하는 사람에게 입으로 칭찬의 말을 해 힘을 더한다 하여 그 뜻이 '더하다'가 됨.

⇨ 加자는 力자와 口자가 합쳐진 글자다, 加자를 활용한 자는 架(시렁 가)·駕(멍에 가)·嘉(아름다울 가)·袈(가사 가)·跏(책상다리할 가)·伽(절 가)·迦(막을 가)·賀(하례할 하)자 등이 있다.

(5) 可(옳을 가): 口(입 구)자로 인해 입으로 하는 말과 관련하여 그 뜻이 '옳다'가 되고, 도끼의 자루를 표현했다 여겨지는 자형으로 인해 그 음이 '가'가 됨.

⇨ 可자는 부수자인 口자와 나중에 柯(자루 가)자로 정형화되어 쓰인 도끼의 자루를 표현한 자형이 합쳐진 글자. 可자를 활용한 자는 歌(노래 가)·苛(매울 가)·河(강 이름 하)·何(어찌 하)·荷(연 하, 짐 하)·阿(언덕 아)·奇(기이할 기)·寄(붙어 살 기)·騎(말탈 기)·畸(뙈기밭 기)·崎(험할 기)·綺(비단 기)자 등이 있다.

## 第八課

# 骨과 肉

 **生活漢字**

---

### 大學用語

大學　總長　學長　出席　遲刻　缺席　開學　放學　休學　學士　碩士

博士　教授　講師　登錄金　獎學金　開講　休講　補講　閉講　學點

修了　卒業　必修　專功　敎養

---

　본과에서는 사람의 몸을 이루는 뼈 (骨 골)와 살 肉(육) 그리고 털(毛 모) 등과 관계된
한자를 중심으로 공부해봅시다.

**骨**

뼈 골

骨(뼈 골 ; 骨 – 총 10획)

**자형해설** 갑골문 骨(골)자의 자형은 고기가 없는 정강이뼈를 연결시켜 놓은 모습이다. 小篆(소전)의 骨(골)자는 月(고기 肉)을 첨가하여 뼈와 살이 서로 연결된 것을 표시했다.

**상관어휘** 筋骨(근골) 骨多孔症(골다공증)

**난이도** 한자능력검정시험 읽기 4급Ⅱ 쓰기 4급

**肉**

고기 육

肉(고기 육 ; 肉 – 총 6획)

**자형해설** 갑골문의 肉(육)자는 잘라놓은 고기 덩어리의 모습이다. 金文(금문)과 小篆(소전)의 자형은 月(월)자와 비슷하고 고기 덩이 위의 사선은 고기의 무늬 같다. 隷書(예서)부터 肉(육)자의 모양이 달라졌고 편방으로 사용하면서 月(월)자와 肉(육)자가 혼용되었다.

**상관어휘** 肉水(육수) 肉感(육감)

**난이도** 한자능력검정시험 읽기 4급Ⅱ 쓰기 4급

# 肯
옳게 여길 **긍**

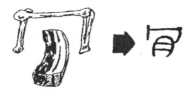

肯(옳게 여길 긍 ; 肉 – 총 8획)

---

肯(긍)자의 자형은 원래 덮을 ⼍(멱)자와 月(월)자의 결합이다. 본의는 뼈에 붙은 살이다. 여기서 ⼍(멱)자는 骨(골)자의 생략형으로 사용했다. 月(월)자 는 肉(육)자의 변형이다. 이들의 결합은 "뼈와 살이 서로 연결된 것"을 표현 한다. 나중에는 가능이란 의미로 가차했다.

肯定(긍정)  肯志(긍지)

한자능력검정시험 읽기 3급 쓰기 2급

---

# 育
기를 **육**

育(기를 육 ; 肉 – 총 8획)

---

방금 분만한 아이의 모습을 뜻한다. 育(자)의 자형은 엄마가 아이를 낳는 모 습(生育 생육)을 표시한다. 엄마 옆에 머리를 아래로 향한 아이가 있고 옆에 액체가 고여 있다. 育(육)자의 하반부 月(월)은 고기 肉(육)자가 변한 것으 로 이 글자의 소리를 나타낸다.

育成(육성)  教育(교육)

한자능력검정시험 읽기 7급 쓰기 6급

□ □ □

# 膚

**피부 부**

膚(피부 부 ; 肉 - 총 15획)

**자형해설** 膚(부)자의 자형은 의미를 표시하는 月(월 肉)과 발음을 표시하는 화로 盧 (로)자를 사용했다. 金文(금문)에서는 그릇 皿(명)자을 생략하여 피부 膚 (부)자를 만들었다. 화로 불에 구워진 짐승의 고기다. 隷書(예서)는 金文(금 문)의 자형을 따랐다. 본의는 동물의 표피를 말한다.

**상관어휘** 膚淺(부천)　膚見(부견)

**난 이 도** 한자능력검정시험 읽기 2급 쓰기 1급

---

□ □ □

# 體

**몸 체**

體(몸 체 ; 骨 - 총 23획)

**자형해설** 體(체)자의 자형은 뼈를 나타내는 骨(골)자와 제기(豆 두)에 곡식을 풍성하 게 담은 豊(풍)자의 모습으로 뼈와 풍성한 살이 신체의 여러 중요한 기관을 이룬다는 비유로 회의자다.

**상관어휘** 體操(체조)　肉體(육체)

**난 이 도** 한자능력검정시험 읽기 6급Ⅱ 쓰기 6급

---

# 肩
**어깨 견**

肩(어깨 견 ; 肉 - 총 8획)

---

**자형해설** 肩(견)자의 상반부는 어깨의 모습을 나타내는 지게 戶(호)자로 어깨의 상형
자다. 月(월)은 근육을 말한다. 즉 사람의 목 아래에서 팔까지 연결된 부분이
다. 여기서 의미가 발전하여 "담당", "임용"등의 뜻이 생겼다.

**상관어휘** 肩章(견장)　肩胛骨(견갑골)

**난 이 도** 한자능력검정시험 읽기 3급 쓰기 2급

---

# 歹
**뼈 부서질 알**

歹(부서진 뼈 알, 나쁠 대 ; 歹 - 총 4획)

---

**자형해설** 歹(알)자는 죽은 사람의 부서진 뼈의 모습이다. 歹(알)자를 사용한 글자는
보통 "사망", "망가지다"는 의미와 관계가 있다. 예 : 死(죽을 사), 殯(염할
빈), 歿(죽을 몰), 殃(재앙 앙), 葬(장사지낼 장) 등이다. 거의 단독으로 사용
하지 않는다.
歹(알)자는 나쁠 대(歹)로 읽으면 고대 산사람의 살을 발라내는 혹형을 뜻한다.

**난 이 도** 한자능력검정시험 읽기 특급 쓰기 특급

---

死

죽을 사

死(죽을 사 ; 歹 - 총 6획)

**자형해설** 死(사)자의 자형 한 편은 사망한 사람의 유골(歹 알)이고 다른 한 편은 살아
있는 사람이 옆에서 무릎을 꿇고 제사하는 모습(ヒ 비))이다. 본의는 "생명
을 상실하다"이다.

**상관어휘** 死亡(사망) 九死一生(구사일생)

**난 이 도** 한자능력검정시험 읽기 6급Ⅱ 쓰기 5급Ⅱ

葬

장사지낼 장

葬(장사지낼 장 ; 艸 - 총 13획)

**자형해설** 葬(장)자의 자형은 관속 시체를 두 손(廾)으로 땅에 묻고 지상에 풀을 덮은
모습이다. 小篆(소전)은 글자 중간에 死(사)자가 있고 위에는 풀(艹)있다.
본의는 "시체를 매장하다"이다.

**상관어휘** 葬禮式(장례식) 殉葬(순장)

**난 이 도** 한자능력검정시험 읽기 3급Ⅱ 쓰기 3급

**毛**

**털 모**

毛(털 모 ; 毛 - 총 4획)

> **자형해설** 毛(모)자는 상형자로 좌우로 털이 있는 깃털의 모습이다. 金文(금문)의 毛
> (모)자는 새의 깃털 형상이다.

> **상관어휘** 毛孔(모공)  毛皮(모피)

> **난 이 도** 한자능력검정시험 읽기 4급Ⅱ 쓰기 4급

---

**表**

**겉옷 표**

表(겉 표 ; 衣 - 총 8획)

> **자형해설** 表(표)자의 본의는 겉에 입은 상의다. 小篆(소전)의 자형은 衣(의)자 중간에
> 毛(모)자가 있다. 고대 원시인들은 짐승 가죽으로 옷을 만들었고 가죽에는
> 자연스럽게 짐승의 털이 붙어 있었다. 의미가 변해 겉, 외표 등의 뜻을 갖게
> 되었다.

> **상관어휘** 表彰狀(표창장)  表面(표면)

> **난 이 도** 한자능력검정시험 읽기 6급Ⅱ 쓰기 6급

---

　털을 표시하는 글자로 彡(터럭 삼)이 있다. 毛(모)자와 같이 상형자로 털이 난 모습을
본뜬 글자이다. 여기서 의미가 발전하여 "색칠하다", "무늬를 넣다" 등의 의미도 있다.

**석 삼**

參(석 삼 ; 厶 - 총 11획 )

---

[자형해설] 參(삼)자는 원래 별자리 명칭이었다. 자형은 사람의 머리 위에 별이 세 개 있는 모습이다. 후에 사선 셋을 첨가하여 별빛 彡(삼)을 표현했다.
參(삼)자는 간여할 參(참)자로도 읽히는 데 參與(참여)는 참가하여 간여하다는 의미다

[상관어휘] 參星(삼성)  參加(참가)

[난 이 도] 한자능력검정시험 읽기 5급 쓰기 4급

---

**무늬 표**

彪(무늬 표 ; 彡 - 총 11획 )

---

[자형해설] 彪(표)자의 金文(금문)자형은 호랑이 몸(虎 호)에 세로로 비스듬한 무늬(彡 삼)를 묘사했다. 이는 무늬가 광채가 남을 표시한다. 그러므로 터럭 彡(삼)자는 호랑이 무늬를 상징한다. 고대 한자에서 彪(표)는 숫컷 호랑이를 의미한다. 현재 상용어휘가 매우 드물다.

[상관어휘] 彪炳(표병)

[난 이 도] 한자능력검정시험 읽기 특급 쓰기 특급

---

彭

성 팽

彭(성 팽 ; 彡 - 총 12획)

彭(팽)자는 북소리를 형용하는 象聲字(상성자)이다. 자형은 글자의 왼쪽은
서있는 북(鼓 고)의 모습이고 오른 쪽 세 선은 북을 칠 때 나는 소리를 표시
한다.

상관어휘 　彭排(팽배)　彭祖(팽조 : 요임금 때 700년을 산 전설의 인물)

난 이 도 　한자능력검정시험 읽기 2급 쓰기 1급

彦

선비 언

彦(선비 언 ; 彡 - 총 9획)

자형해설 　彦(언)자의 자형은 글월 文(문)자와 弓(궁 ; 武才))자 그리고 소리를 나타내
는 厂(엄)자로 구성되었다. 즉 문무를 갖춘 인재라는 의미로 재덕이 출중한
사람이다. 나중에 弓(궁)자가 안료를 칠하는 彡(삼)자로 변했다. 고인들은
사냥이나 전쟁에 나가면 도안이나 부호를 절벽(厂 엄)에 눈에 잘 띄는 색채
로 표기했다. 역사적으로 오랫동안 전해지기를 바랬기 때문이다.

상관어휘 　縣彦(현언)　俊彦(준언)

난 이 도 　한자능력검정시험 읽기 2급 쓰기 1급

一字多音

狀(문서 장)    : 賞狀(상장)        著(지을 저)    : 著述(저술)
狀(형상 상)    : 狀況(상황)        著(붙을 착)    : 到著(도착)

刺(찌를 자)    : 刺客(자객)        便(편할 편)    : 便利(편리)
刺(칼로 찌를 척) : 刺殺(척살)      便(똥오줌 변)  : 便所(변소)

北(북녘 북)    : 北極(북극)        切(끊을 절)    : 切斷(절단)
北(달아날 배)  : 敗北(패배)        切(모두 체)    : 一切(일체)

故事成語

群鷄一鶴(군계일학)                              『晉書 嵇康傳』

닭 무리 속에 끼어 있는 한 마리의 학이란 뜻으로 평범한 사람 가운데서 뛰어난 사람을 일컫는 말.

捲土重來(권토중래)                              『史記·項羽本紀』

흙먼지를 날리며 다시 오다. 한 번 패한 자가 힘을 회복해 전력을 다하여 다시 쳐들어옴. 실패에 굴하지 않고 몇 번이고 다시 일어남을 뜻하는 말로도 쓰인다.

近墨者黑(근묵자흑)                              『四字小學』

먹을 가까이 하는 사람은 검어진다는 뜻으로 환경이 중요함을 강조한 말.

錦上添花(금상첨화)                              黃庭堅「了了庵頌」

좋고 아름다운 것 위에 더 좋은 것을 더함.

騎虎之勢(기호지세)　　　　　　　　　　　　　　　　『隋書 獨孤皇后傳』

호랑이 등에 타고 달리는 형세로, 멈출 때까지는 내려올 수 없다. 일을 시작한 다음에
도중에서 그만둘 수 없는 형편을 말함.


名言 / 格言

福生於無爲而患生於多欲.　　　　　　　　　　　　　　　　　『韓詩外傳』

복은 욕심을 부리지 않는 것에서 생기고 우환은 욕심이 많은 데서 생긴다.

　福 : 복 복, 축복
　於 : 어조사 시간이나 장소를 표기함 ~에서
　無爲 : 무위, 행함이 없음 즉 인위적인 욕심
　而 : 접속사 순접 역접 모두 가능함.
　患 : 근심 환, 즉 우환


短綆不可以汲深井之泉.　　　　　　　　　　　　　　　　　『莊子·至樂』

짧은 두레박줄로는 깊은 우물의 물을 길을 수 없다.
배우지 않고 생각하지 않으면 자신의 두레박줄은 길어지지 않는다. 즉 원대한 일을 하
길 원하지만 계획을 세울 수 없는 까닭이 여기에 있다

　短 : 짧을 단　　　　　　　　　綆 : 두레박줄 경
　汲 : 길을 급 ; 汲水(급수)　　　深 : 깊을 심
　泉 : 샘 천, 샘물


木受繩則直, 金就礪則利.　　　　　　　　　　　　　　　　『荀子』

나무는 먹줄을 받아서 곧아지고, 쇠는 숫돌에 갈아야 날카로워진다.
이는 인간의 삶의 태도를 비유한 말이다.

　受 : 받을 수, 피동의 의미　　　繩 : 줄 승, 먹줄
　則 : 곧 즉, 접속사　　　　　　就 : 이룰 취, 就職(취직)
　礪 : 거친 숫돌 려　　　　　　利 : 날카로울 리

| 群 | 鷄 | 一 | 鶴 | 近 | 墨 | 者 | 黑 |
|---|---|---|---|---|---|---|---|
| 무리 **군** | 닭 **계** | 하나 **일** | 학 **학** | 가까울 **근** | 먹 **묵** | 놈 **자** | 검을 **흑** |

| 닭 무리 속에 끼어 있는 한 마리의 학이란 뜻으로 평범한 사람들 중에 뛰어난 사람을 말함 | | | | 먹을 가까이 하는 사람은 검어진다는 뜻으로 나쁜 사람과 사귀면 물들기 쉽다는 말. | | | |
|---|---|---|---|---|---|---|---|
| 群 | 鷄 | 一 | 鶴 | 近 | 墨 | 者 | 黑 |
| 群 | 鷄 | 一 | 鶴 | 近 | 墨 | 者 | 黑 |
| | | | | | | | |
| | | | | | | | |
| | | | | | | | |
| | | | | | | | |
| | | | | | | | |
| | | | | | | | |
| | | | | | | | |

# 第九課

# 心

 **生活漢字**

### 會社生活

會長　社長　專務　常務　理事　室長　部長　局長　次長　課長　代理
社員　勤務　休假　年次　月次　出張　特勤　夜勤　出退勤　缺勤　殘業
書類　決裁　旣決　未決

　본과에서는 心(심)자와 연관된 자형들을 공부해 보자 心(심)자는 부수로 사용할 때는 忄(마음 심)으로 쓴다.

# 心

**마음 심**

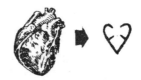

心(마음 심 ; 心 - 총 4획)

**자형해설** 心(심)자는 상형자로 갑골문의 心(심)자는 심장의 모습이다. 나중에 점차 변해 隸書(예서) 이후 그 의미를 알 수 없게 되었다.

**상관어휘** 心臟(심장)　心身(심신)

**난 이 도** 한자능력검정시험 읽기 7급 쓰기 6급Ⅱ

---

# 怒

**성낼 노**

怒(성낼 노 ; 心 - 총 9획)

**자형해설** 노예 奴(노)자는 여자가 주인을 위해 일을 하는 모습니다. 여기에 心(심)을 첨가하여 여자 노예가 주인이 시킨 일에 대해 화가 난 모습이다. 한자에는 형성자가 많아 이 글처럼 "奴(노)+心(심)=노예의 마음"이라고 생각하면 잘 못이다. 이 글자의 본의는 "화가 나다"이다.

**상관어휘** 忿怒(분노)　怒氣(노기)

**난 이 도** 한자능력검정시험 읽기 4급Ⅱ 쓰기 4급

---

**惠**
은혜 **혜**

惠(은혜 혜 ; 心 - 총 12획)

**자형해설** 惠(혜)자는 형성자로 의미를 나타내는 心(심)자를 형방으로 하고, 상반부는 專(전)자의 변형으로 고대 견직물을 짜는데 사용하는 추(紡錘 방추)의 모습 이다. 오로지 한결 같은 마음으로 추를 돌려 옷감을 만드는 모습으로 마음이 아름답고 타인에게 선하다.

**상관어휘** 恩惠(은혜)　惠民署(혜민서)

**난 이 도** 한자능력검정시험 읽기 4급 쓰기 4급

---

**急**
급할 **급**

急(급할 급 ; 心 - 총 9획)

**자형해설** 急(급)자는 뜻을 나타내는 心(심)자와 발음을 나타내는 미칠 及(급)자로 되어있다. 心(심)자 위의 손(又)을 나타내는 글자가 ⺕(계)자로 바뀌었다. 본의는 "급히 쫓아가 사람을 잡다"이다. 나중에 의미가 변해 급속, 긴급 등의 의미를 나타낸다.

**상관어휘** 危急(위급)　急先務(급선무)

**난 이 도** 한자능력검정시험 읽기 6급Ⅱ 쓰기 6급

**恐**

두려울 **공**

恐(두려울 공 ; 心 – 총 10획)

---

[자형해설] 恐(공)자의 자형은 의미를 표현하는 心(심)자와 발음을 표현하는 工(공)자가 합쳐져 이루어졌다. 나중에 발음을 표시하는 工(공)자가 알 卪(공)자로 변했다. 갑골문을 참고하면 전쟁에 큰 도끼(工)를 들고가 적을 두렵게 만드는 내용이다. 본의는 "두렵다", "무섭다"이다.

[상관어휘] 恐怖(공포)   恐喝(공갈)

[난 이 도] 한자능력검정시험 읽기 3급Ⅱ 쓰기 3급

---

**懷**

품을 **회**

懷(품을 회 ; 心 – 총 19획)

---

[자형해설] 懷(회)자는 원래 衣(의)자와 무리 衆(중)자로 구성되었다. 눈물을 흘리는 아이(衆)를 가슴에 품고 있다. 본의는 마음속에 많은 생각을 감추고 위로와 눈물을 흘리는 감정을 표현한다. 小篆(소전) 이후 忄(심)자가 첨가 되었다.

[상관어휘] 懷抱(회포)   懷中時計(회중시계)

[난 이 도] 한자능력검정시험 읽기 3급Ⅱ 쓰기 3급

---

# 恒
항상 **항**

恒(항상 항 ; 心 - 총 9획)

**자형해설**  恒(항)자는 갑골문에는 亙(걸칠 긍)자로 되어있다. 亙(긍)자의 상부는 하늘을 하부는 땅을 표시한다. 중간은 반달(月) 모습이다. 해 日(일)자가 아님에 주의한다. 본의는 반달이 점점 채워져 가는 모습으로 "영속, 영원한 것"이다. 金文(금문) 이후 마음 ↑(심)자를 첨가해 "장구함", "항상" 등의 의미를 갖는다.

**상관어휘**  恒久的(항구적)  恒常(항상)

**난 이 도**  한자능력검정시험 읽기 3급 II 쓰기 3급

---

# 懼
두려워할 **구**

懼(두려워할 구 ; 心 - 총 21획)

**자형해설**  懼(구)자의 원래 자는 두리번거릴 瞿(구)자다. 여기서 눈(目)은 날짐승(隹추)의 눈으로 날카로워 사람을 두렵게 만든다는 뜻이다. 나중에 여기에 마음 ↑(심)을 첨가하여 내심 두려움을 표현했다. 이후 瞿(구)자는 볼 瞿(구)자와 같이 통용했다.

**상관어휘**  疑懼(의구)  恐懼(공구)

**난 이 도**  한자능력검정시험 읽기 3급 쓰기 2급

## 恭
### 공손할 **공**

恭 : (龔 공손할 공 ; 心 - 총 10획)

龔(공)은 恭(공손할 공)자의 본래 자이다. 자형은 두 손(廾 받들 공)으로 龍(용)을 높이 들어 올리는 모습이다. 이는 恭奉(공봉), 恭敬(공경)의 의미를 표시한다. 小篆(소전)에 이르러 龍(용)자가 없어지고 처음으로 "共(공)" 자 아래에 "心(심)"자를 변형한 "恭(공)"자를 사용했다. 성심을 강조한 모습이다.

상관어휘 　恭敬(공경)　恭遜(공손)

난 이 도 　한자능력검정시험 읽기 3급 II 쓰기 3급

---

## 憐
### 불쌍히여길 **련**

憐(불쌍히 여길 련 ; 心 - 총 15획)

자형해설 憐(련)자의 자형은 원래 心(심)자로 의미를 표현하고 도깨비불 粦(린)자로 발음을 표시한다. 도깨비 불 같이 보였다, 안보였다 하는 감정을 표시한다. 본의는 "애련", "동정"이다.

상관어휘 　憐憫(연민)　可憐(가련)

난 이 도 　한자능력검정시험 읽기 3급 쓰기 2급

한자상식

## 一字多音

| | | | |
|---|---|---|---|
| 樂(좋아할 요) | : 樂山樂水 (요산요수) | 惡(모질 악) | : 惡疾 (악질) |
| 樂(즐길 락) | : 娛樂 (오락) | 惡(미워할 오) | : 憎惡 (증오) |
| 樂(풍류 악) | : 音樂 (음악) | | |

| | | | |
|---|---|---|---|
| 葉(잎사귀 엽) | : 落葉 (낙엽) | 易(쉬울 이) | : 容易 (용이) |
| 葉(성 섭) | : 葉劍英 (섭검영 ; 인명) | 易(바꿀 역) | : 貿易 (무역) |

| | | | |
|---|---|---|---|
| 咽(목구멍 인) | : 咽喉炎 (인후염) | 帥(장수 수) | : 將帥 (장수) |
| 咽(목멜 열) | : 嗚咽 (오열) | 帥(거느릴 솔) | : 帥先 (솔선) |

## 故事成語

樂而不淫(낙이불음)　　　　　　　　　　　　　　　　　　　　　『論語』

즐기기는 하나 음탕하지는 않게 한다. 즐거움이 도를 지나치지 않음을 뜻함.

難兄難弟(난형난제)　　　　　　　　　　　　劉義慶『世說新語 · 德行』

누구를 형이라 하고 누구를 동생이라 할 지 분간하기 어렵다. 사물의 우열이 없다. 곧 비슷하다는 말.

南柯一夢(남가일몽)　　　　　　　　　　　　　　　　沈旣濟『枕中記』

꿈과 같이 헛된 한 때의 부귀영화를 일컫는 말. 인생의 덧없음을 비유하기도 함.

濫觴(남상)　　　　　　　　　　　　　　　　　　　　　　『荀子 · 子道』

술잔이 넘친다. 장강의 강물도 그 물의 근원은 술잔에 넘칠 정도의 적은 물에서 시작 된다. 모든 사물의 시작과 출발점이란 뜻으로 쓰인다.

第九課 ┃心　113

囊中之錐(낭중지추)　　　　　　　　　　　　　　　　　　『史記·平原君虞卿列傳』

주머니 속에 든 송곳과 같이 재주가 뛰어난 사람은 숨어 있어도 저절로 사람들이 알게
됨을 말한다.

老馬之智(노마지지)　　　　　　　　　　　　　　　　　　　　『韓非子·說林上』

제(齊)나라 환공(桓公)이 길을 잃고 헤맬 때, 관중(管仲)이 늙은 말을 풀어 놓고 그 뒤
를 따라가 마침내 길을 찾았다고 하는 고사에서 유래한 말. 경험이 풍부하고 숙달된
지혜. 쓸모없는 사람도 때로는 유용함을 이르는 말로도 쓰인다.

## 名言 / 格言

跂而望矣, 不如登高之博見也.　　　　　　　　　　　　　　　　　　　　『荀子』

발꿈치를 들고 바라보아도, 높은 곳에 올라가서 넓게 보는 것만 못하다.
어떤 일을 배우거나 시작할 때 독학도 좋다. 그러나 독학만으로는 높은 경지에 오르기
어렵다. 어느 정도 준비가 되면 좋은 스승을 만나 새로운 세계를 경험하는 것이 중요
하다. 그래야 시야를 더욱 넓히고 자신을 확대해 나갈 수 있다.

跂 : 육발이 기, 발돋움 하다　　　　　　　不如 : A不如B　A는~B만 못하다
博 : 넓을 박

懲忿如救火, 窒慾如防水.　　　　　　　　　　　　　　　　　　　　『明心寶鑑』

분함을 참는 것을 불을 끄듯이 하고, 욕심을 막는 것은 큰물을 막는 것 같이 하라.

懲 : 혼날 징, 懲罰(징벌)　　　　　　　忿 : 성낼 분, 忿怒(분노)
如 : 같을 여, ~처럼　　　　　　　　　窒 : 막을 질, 窒息(질식)
慾 : 욕심 욕, 慾望(욕망)　　　　　　　防 : 둑 방, 막을 방 즉 대비하다.

擊曰 "富貴者驕人乎,　貧賤者驕人乎?" 子方曰, "亦貧賤者驕人耳。富貴者, 安敢驕人? 國君而驕人, 失其國, 大夫而驕人, 失其家。夫士貧賤者, 言不用行不合, 則納履而去耳。安往而不得貧賤哉?"　　『十八史略』

격이 말했다. "부귀한 사람이 교만합니까, 가난하고 천한 사람이 교만합니까?" 자방이 대답했다. "역시 가난하고 천한 사람이 교만할 뿐이오. 부귀한 사람이 어떻게 감히 남들에게 교만하게 굴겠소? 군주가 교만하면 자기의 나라를 잃게 되고, 제후가 교만하면 자기의 땅을 잃게 됩니다. 무릇 선비란 빈천한 자로, 간언이 쓰이지 않고 행동이 합치되지 않는다면 곧 신발을 신고 떠나야 할 뿐이오. 어디로 간다고 한들 가난하고 천해지지 않겠소?"

擊(부딪칠 격) : 문후의 아들. 위무후(魏武侯)

子方 : 전자방(田子方). 자하(子夏, 공자의 제자)의 제자.

貧賤(빈천) : 가난하고 천하다.　　　亦 : 역시, 또한. 또 역

耳 : ~뿐, ~일 뿐.　　　　　　　　安 : 어디에, 어찌.

敢 : 감히.

國君 : (천자로부터 봉토를 받은)군주, 즉 '제후'를 말한다.

家 : 봉토(대부가 제후로부터 받은 봉토, 대부가 다스리는 나라)

夫 : 무릇, 대저.

言 : 견해, 의견. 여기서는 '간언'이라고 하는 것이 좋다. 言不用은 선비들의 간언이 조정에서 받아들여지지 않음을 말한다.

納 : (신발을)신다. 들일 납　　　　履 : 신, 신발. 밟을 리


凡取人之術, 苟不得聖人君子而與之, 與其得小人, 不若得愚人. 何則君子挾才以爲善, 小人挾才以爲惡.　　　『資治通鑑, 周紀』

무릇 사람을 쓰는 방법은, 진실로 성인군자를 얻어서 관직을 주지 못하고 소인배에게 주게 된다면 차라리 어리석은 자에게 주는 것이 낫다. 왜냐하면 군자는 재주를 가지고 선한 일을 하지만 소인배는 재주를 가지고 악한 짓을 하기 때문이다.

凡 : 무릇 범, 모든　　　　　　　取人 : 사람을 골라서 씀.

苟 : 진실로, 참으로. 진실로 구

與 : 같이하다, 함께하다, 여기서는 '직책을 주다'의 의미.

不若 : ~만 못하다　　　　　　　何則 : 왜냐하면.

挾 : 끼다, 지니다. 낄 협

| 樂 | 而 | 不 | 淫 | 南 | 柯 | 一 | 夢 |
|---|---|---|---|---|---|---|---|
| 즐거울 **낙** | 말이을 **이** | 아닐 **불** | 음란할 **음** | 남녘 **남** | 자루 **가** | 한 **일** | 꿈 **몽** |

| 즐기기는 하나 음탕하지는 않게 한다. 즐거움이 도를 지나치지 않음을 뜻함. | | | | 꿈과 같은 한 때의 헛된 부귀영화를 일컫는 말. 인생의 덧없음을 비유하기도 한다. | | | |
|---|---|---|---|---|---|---|---|
| 樂 | 而 | 不 | 淫 | 南 | 柯 | 一 | 夢 |
| 樂 | 而 | 不 | 淫 | 南 | 柯 | 一 | 夢 |
| | | | | | | | |
| | | | | | | | |
| | | | | | | | |
| | | | | | | | |
| | | | | | | | |
| | | | | | | | |
| | | | | | | | |

# 道路와 交通

 **生活漢字**

### 陸上交通 用語

| | | | | | | | | |
|---|---|---|---|---|---|---|---|---|
自動車　自轉車　地下鐵　電動車　停止線　路線　鐵道　高速道路　國道
地下道　陸橋　高架道路　信號燈　街路燈　交叉路　車道　人道
橫斷步道　交通警察　牽引　徐行　駐車場　交通事故

　본과에서는 도로와 교통에 관련된 한자를 공부한다. 교통수단으로 車(거), 舟(주) 등이 있고 도로와 관계 된 한자 부수는 方(방), 行(행), 彳(척), 廴(인), 辵/辶(착)/(착) 등이 있다.

**車**

수레 **거**

車(수레 차{거} ; 車 – 총 7획)

---

**[자형해설]** 車(거)자는 전형적인 상형자로 갑골문과 金文(금문)에서는 수레의 좌석과
프레임, 바퀴 두 개를 모두 표현했다. 나중에 바퀴는 하나만 남았다. 최초의
수레(車)는 전쟁을 위해 발명되었을 것으로 추측한다.

**[상관어휘]** 馬車(마차)　車馬費(거마비)

**[난이도]** 한자능력검정시험 읽기 7급Ⅱ

---

**載**

실을 **재**

載(실을 재 ; 車 – 총 13획)

---

**[자형해설]** 載(재)자의 자형은 의미를 나타내는 수레 車(거)자와 소리를 표시하는 哉(재 :
口자가 생략된 형태)자로 구성되었다. 본의는 "수레에 물건을 싣다"이다. 哉
(재)자는 형의 집행이 임박한 것을 표시한다. 고대에 연말이 되면 죄인을 수
레에 실어 대중들에게 보여주고 형을 집행했다.후에 의미가 발전하여 "담당
하다" "부담하다"등을 나타냈다.

**[상관어휘]** 積載函(적재함)　文以載道(문이재도)

**[난이도]** 한자능력검정시험 읽기 3급Ⅱ 쓰기 3급

---

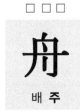

**舟**

배 주

舟(배 주 ; 舟 - 총 6획)

<table>
<tr><td>자형해설</td><td>舟(주)자는 상형자로 완만한 곡선을 이룬 작은 배 모습으로 배위에 횡목이 놓여있다. 본의는 강을 건너는 목선(木船)이다. 舟(주)자를 가진 한자는 대부분 배와 관련이 있다.</td></tr>
<tr><td>상관어휘</td><td>一葉片舟(일엽편주)　吳越同舟(오월동주)</td></tr>
<tr><td>난 이 도</td><td>한자능력검정시험 읽기 3급 쓰기 2급</td></tr>
</table>

**般**

돌 반

般(돌 반 ; 舟 - 총 10획)

<table>
<tr><td>자형해설</td><td>般(반)은 소반 盤(반)의 원래 글자이다. 고대에 般(반)과 盤(소반 반)은 서로 통용하여 사용했다. 후에 盘(반) 부분이 舟(주)로 잘못 변화하면서 그 의미를 알기 어렵게 되었다. 殳(수)는 막대기를 잡은 손으로 출발을 위해 배를 돌리려는 형상이다. 혹자는 손에 국자를 잡고 무엇을 푸는 형상이라고도 한다.</td></tr>
<tr><td>상관어휘</td><td>一般(일반)　般若心經(반야심경)</td></tr>
<tr><td>난 이 도</td><td>한자능력검정시험 읽기 3급Ⅱ 쓰기 3급</td></tr>
</table>

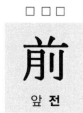

前

앞 전

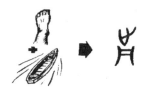

前(앞 전 ; 刀 - 총 9획)

---

자형해설 前(전)자의 자형은 원래 앞 歬(전)자다. 즉 배 (舟 주) 위에 발(止 지)이 하나 있는 모습이다. 이것은 사람이 배를 끌고 역류를 거슬러 전진하는 의미다. 나중에 배 (舟주)자가 변해 月(월)자가 되었고 止(지)자가 변해 前(전)자의 상반부 모습이 되었다. 前(전) 자가 전진의 의미를 갖게 된 후, 다시 칼 刀(도)자를 첨가하여 별도로 자를 剪(전)자를 만들었다.

상관어휘 前進(전진)  前半戰(전반전)

난 이 도 한자능력검정시험 읽기 7급 II

---

履

신 리

履(신 리 ; 尸 - 총 15획)

---

자형해설 履(리)자의 최초 자형으로 볼 때 이 글자는 頁(혈)과 舟(주)자, 그리고 正(정)자로 구성되었다. 頁(혈)은 머리로 사람을 대표하고 , 舟(주)는 배로 전진을 표시하며 正(정)은 그칠 止(지)자의 변체 발 趾(지)를 말한다. 그러므로 이 글자의 의미는 발을 사용하여 사람이 전진함을 표시한다. 따라서 본의는 "보행"이다. 또 "신발"이란 뜻도 있다.

상관어휘 草履(초리)  如履薄氷(여리박빙)

난 이 도 한자능력검정시험 읽기 3급 II 쓰기 3급

## 方
**모 방**

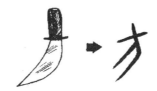

方(모 방 ; 方 - 총 4획)

---

方(방)자의 자형은 칼과 칼자루의 모습이다. 칼의 손잡이 부분에 指事(지사) 부호로 가로로 짧은 선이 있다. 나중에 주로 "方圓(방원)"의 네모 方(방)의 의미로 사용되었다.

주의할 점은 方(방)자가 편방으로 사용되면 네모란 의미가 아니라 깃발과 연관이 있는 의미를 표현한다. 예. 기 旗(기) 돌 旋(선) 등이 있다.

方向(방향)  方便(방편)

한자능력검정시험 읽기 7급 II

---

## 旅
**군사 려**

旅(군사 려 ; 方 - 총 10획)

---

旅(려) 자의 자형은 두 사람(많은 군인을 대표함)이 깃발 아래 모여 있고 깃발이 바람에 펄럭이는 모습이다. 본의는 군사들이 깃발을 따라 전투 행진을 하는 것이다. 나중에 의미가 변하여 旅行(여행), 旅客(여객)의 의미가 되었다.

行旅(행려)  旅館(여관)

한자능력검정시험 읽기 5급 II 쓰기 5급

族
겨레 족

族(겨레 족 ; 方 - 총 11획)

**자형해설** 族(족)자의 자형은 깃발 아래 화살촉이 있다. 깃발은 자신이 속한 부락을 표시하고 화살촉은 武裝(무장)을 표시한다.
고대 동일 씨족이나 종족들은 종족의 깃발 아래 모여 사냥을 하거나 전투를 했다.

**상관어휘** 種族(종족)　族閥(족벌)

**난이도** 한자능력검정시험 읽기 6급 쓰기 5급 II

行
갈 행

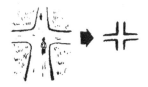

行(갈 행 ; 行 - 총 6획)

**자형해설** 갑골문에서 行(행)자의 자형은 십자로 형태의 모습이다. 본의는 사방으로 통하는 길 (行행)이다. 金文(금문) 이후 자형이 현재의 모습으로 바뀌면서 본의가 사라졌다. 나중에 주로 走行(주행)의 의미로 사용되었다.

**상관어휘** 行動(행동)　行事(행사)

**난이도** 한자능력검정시험 읽기 6급 쓰기 5급 II

衍
넘칠 **연**

衍(넘칠 연 ; 行 – 총 9획)

---

**자형해설** 衍(연)자의 자형은 물 水(수)자와 행할 行(행)자로 되어 있다. 본의는 "하천 과 호수의 물이 사방으로 넘쳐흐르다"이다. 나중에 의미가 변해 "풍부", "확 장", "여분" 등을 나타냈다.

**상관어휘** 敷衍(부연)　蔓衍體(만연체)

**난 이 도** 한자능력검정시험 읽기 2급 쓰기 1급

---

微
작을 **미**

微(작을 미 ; 彳 – 총 13획)

---

**자형해설** 갑골문의 微(미)자는 원래 彳(척)자가 없었다. 한 사람이 손에 빗을 들고(攵 복) 긴 머리를 정리하는 모습이다. 머리칼은 매우 아름답고 미묘하다. 그러 므로 본의는 "미묘하다"이다. 또 微(미)자는 媺(착하고 아름다울 미)자의 원 래 글자이기도 하다. 나중에 彳(척)자를 첨가해 "작다"는 의미를 표시했다. 여인의 작고 아름다운 걸음걸이를 微行(미행)이라고 한다.

**상관어휘** 微生物(미생물)　顯微鏡(현미경)

**난 이 도** 한자능력검정시험 읽기 3급Ⅱ 쓰기 2급

---

**徒**

무리 도

徒(무리 도 ; 彳 - 총 10획)

**자형해설** 徒(도)자의 자형은 두발(步)이 작은 길을 따라 걷는 모습이다. 彳(척)자는 行(행)자의 생략된 형태다. 走(주)자의 윗부분을 흙 土(토)로 보아 "맨발로 흙 위를 걷다"고 해석하기도 한다. 본의는 "이동하다"이다. 나중에 의미가 변해 "이임하다", "귀양 가다" 등의 의미가 생겼다.

**상관어휘** 學徒兵(학도병)  異敎徒(이교도)

**난 이 도** 한자능력검정시험 읽기 4급 쓰기 3급 Ⅱ

**往**

갈 왕

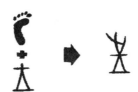

往(갈 왕 ; 彳 - 총 8획)

**자형해설** 往(왕)자의 갑골문 상부는 발 止(지)자로 의미를 표시하고 하반부는 임금 王(왕)자로 발음을 나타낸다. 즉 현명한 군주에게 나아가는 모습이다. 金文(금문) 이후 여기에 다시 조금 걸을 彳(척)자를 더했다. 본의는 "가다"이다.

**상관어휘** 往復(왕복)  往來(왕래)

**난 이 도** 한자능력검정시험 읽기 4급 Ⅱ 쓰기 4급

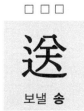

## 送
보낼 **송**

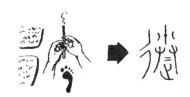

送(보낼 송 ; 辵 - 총 10획)

---

**자형해설** 送(송)자의 자형은 불씨 羋(선)자와 걸을 彳(척), 발 止(지)자로 구성되었다. 彳(척)과 止(지) 두 글자는 나중에 辵(辶 착)자로 변했다. 고대인들은 불씨를 매우 중시했다. 그래서 불씨를 두 손으로 받들어 선물하는 것은 두터운 감정을 표시하는 것이었다.

**상관어휘** 輸送(수송)　放送(방송)

**난 이 도** 한자능력검정시험 읽기 4급Ⅱ 쓰기 4급

---

## 進
나아갈 **진**

進(나아갈 진 ; 辵 - 총 12획)

---

**자형해설** 進(진)자의 자형은 새 한 마리 (隹)에 발 하나를 첨가하여 전진하는 모습이다. 金文(금문)은 다시 걸을 彳(척)자를 첨가했고 小篆(소전)은 彳(척)자와 발 止(지)자를 합쳐 쉬엄쉬엄 갈 辵(착)자를 만들었다. 隸書(예서)는 辵(착)자를 다시 "辶(쉬엄쉬엄 갈 착)"자로 변형시켰다.

**상관어휘** 進展(진전)　進出(진출)

**난 이 도** 한자능력검정시험 읽기 4급Ⅱ 쓰기 4급

---

## 退
### 물러날 퇴

退(물러날 퇴 ; 辵 – 총 10획)

**자형해설** 退(퇴)자에서 걸을 彳(척)은 辵(착)자와 의미가 같고 행동을 표시한다. 日(일)자는 시간을 표시하고, 천천히 걸을 夂(쇠)자는 발 止(지)자를 거꾸로 쓴 글자다 후퇴 혹은 하강의 의미가 있다. 이것을 모두 합치면 "당연히 뒤돌아 갈 때이다."가 된다. 본의는 "물러나다", "떠나다" 혹은 "돌아가다"이다.

**상관어휘** 後退(후퇴)　退治(퇴치)

**난 이 도** 한자능력검정시험 읽기 4급Ⅱ 쓰기 3급

---

## 建
### 세울 건

建(세울 건 ; 廴 – 총 9획)

**자형해설** 建(건)자는 『說文(설문)』에 "건은 조정의 법을 세우는 것이다(建, 立朝律也)"고 했다. 聿(율)자는 붓을 의미하고 『說文(설문)』의 해설에서는 "법률"을 말한다. 걸을 彳(척)자와 발 止(지)자는 행동을 표시한다. 나중에 이들이 변해 길게 걸을 廴(인)이 되었고 의미도 "수립", "건립" 등의 의미를 갖게 되었다.

**상관어휘** 建築(건축)　建國(건국)

**난 이 도** 한자능력검정시험 읽기 5급 쓰기 4급Ⅱ

# 延

**끌 연**

延(끌 연 ; 廴 - 총 7획)

**자형해설** 延(연)자는 조금 걸을 彳(척)자와 발 止(지)자로 구성되었다. 나중에 자형이
변해 걸을 延(지)자와 끌 延(연)자가 되었다. 길게 걸을 廴(인)자는 彳(척)자
의 아래를 길게 늘린 모습이다. 갑골문과 今文(금문)의 자형을 종합해 볼 때
延(연)자는 "먼 길을 지속적으로 가다"이다. 이후 延(연)은 "장구한", "끌다"
등의 의미가 생겼다.

**상관어휘** 延長(연장)   延滯(연체)

**난 이 도** 한자능력검정시험 읽기 4급 쓰기 3급 Ⅱ

한자상식

**反意語**

義務(의무) ⇔ 權利(권리)　　　利益(이익) ⇔ 損失(손실)

理想(이상) ⇔ 現實(현실)　　　低俗(저속) ⇔ 高尙(고상)

詛呪(저주) ⇔ 祝福(축복)　　　積極(적극) ⇔ 消極(소극)

傳統(전통) ⇔ 革新(혁신)　　　漸進(점진) ⇔ 急進(급진)

整頓(정돈) ⇔ 亂雜(난잡)　　　精密(정밀) ⇔ 粗雜(조잡)

**故事成語**

朽木糞牆(후목분장)　　　　　　　　　　　　　　『論語·公冶』

썩은 나무에 조각하거나 부패한 벽에 흙칠을 하여도 소용이 없다는 뜻. 쓸모없는 사람을 비유하기도 하고 혼란한 세상을 비유하기도 한다.

後生可畏(후생가외)　　　　　　　　　　　　　　『論語·子罕』

후진들이 젊고 능력이 있어 두렵게 여겨짐.

興盡悲來(흥진비래)　　　　　　　　　　　王勃「滕王閣序」

즐거운 일이 다하면 슬픔이 옴. 곧 흥망과 성쇠가 엇바뀜을 일컫는 말이다.

忠言逆耳(충언역이)　　　　　　　　　　　　　　『孔子家語』

충고하는 말은 귀에 거슬린다.

畵龍點睛(화룡점정)                                          『戰國策 · 齊策』

용을 다 그려 놓고 마지막으로 눈을 그려 넣음. 즉 가장 긴요한 부분을 완성시킴.

在上不驕, 高而不危。制節謹度, 滿而不溢。高而不危, 所以長守貴
也。滿而不溢, 所以長守富也。                              『孝經 · 諸侯』

높은 자리에 있으면서 거만하지 않으면 높은 자리라도 위태롭지 않다. 절제하고 삼가
며 법도를 지키면 가득 차더라도 넘치지 않는다. 높은 자리에 있어도 위태롭지 않으면
서 이것이 오랫동안 귀한 자리를 지킬 수 있는 까닭이다. 가득 차더라도 넘치지 않으
니 이것이 오랫동안 부유함을 지킬 수 있는 까닭이다.


    上 : 윗자리, 높은 자리.         驕 : 교만할 교 교만하다.

    制節 : 절제하다, 억제하다.      謹 : 삼갈 근 삼가다.

    滿 : 찰 만 가득 차다.           溢 : 넘칠 일 넘치다.

    守 : 지킬 수, 유지하다.

    保 : 보전할 보 유지하다, 지키다, 보존하다.

    所以(소이) : 까닭 이유. 이것이~까닭이다.

| 忠 | 言 | 逆 | 耳 | 畵 | 龍 | 點 | 睛 |
|---|---|---|---|---|---|---|---|
| 충성 **충** | 말씀 **언** | 거스를 **역** | 귀 **이** | 그림 **화** | 용 **용** | 점 **점** | 눈동자 **정** |

| 충고하는 말은 귀에 거슬린다. | | | | 용을 그려 놓고 마지막으로 눈을 그려 넣음. 즉 가장 긴요한 부분을 완성시킴. | | | |
|---|---|---|---|---|---|---|---|
| 忠 | 言 | 逆 | 耳 | 畵 | 龍 | 點 | 睛 |
| 忠 | 言 | 逆 | 耳 | 畵 | 龍 | 點 | 睛 |
| | | | | | | | |
| | | | | | | | |
| | | | | | | | |
| | | | | | | | |
| | | | | | | | |
| | | | | | | | |
| | | | | | | | |

# 天體

 **生活漢字**

---

### 天文學用語

| | | | | | | | | | |
|---|---|---|---|---|---|---|---|---|---|
| 宇宙 | 地球 | 水星 | 金星 | 火星 | 木星 | 土星 | 天王星 | 海王星 | 冥王星 |
| 星團 | 星雲 | 彗星 | 赤道 | 黃道 | 太陽系 | 銀河系 | 黑點 | 爆發 | 宇宙船 |
| 人工衛星 | 天文學 | 電子望遠鏡 | 音波 | 光波 | | | | | |

본과에서는 천체를 나타내는 부수인 日(일)과 月(월)을 중심으로 하는 글자를 배워봅시다.

해 **일**

日(해 일 ; 日 – 총 4획)

[자형해설] 日(일)자는 둥글게 생긴 해 모습을 그린 상형자로 본의는 태양이다. 글자 중간에 있는 점은 태양의 흑점이다. 후에 의미가 발전하여 낮이 되었고 또 의미가 변하여 시간 단위인 하루(一天)가 되었다. 태양은 우주를 운행하며 빛나는 천체로 낮에 빛을 발하기 때문에 밤에 빛을 발하는 달이 태음이어서 상대적으로 태양이라고 불렀다.

[상관어휘] 日程(일정)　日光浴(일광욕)

[난 이 도] 한자능력검정시험 읽기 8급

時

때 **시**

時(때 시 ; 日 – 총 10획)

[자형해설] 時(시)자는 형성자로 원래는 때 旹(시)자로 썼다. 이때 해 日(일)자는 태양의 운행을 나타내고 상반부의 㞢(지)자는 발음을 표시한다. 나중에 時(시)자로 변했다. 본의는 태양이 운행하는 계절이다.

[상관어휘] 時間(시간)　時事(시사)

[난 이 도] 한자능력검정시험 읽기 7급

# 習
**익힐 습**

習(익힐 습 ; 羽 - 총 11획)

---

**자형해설** 習(자)의 자형은 태양(日) 위로 날아가는 새(羽)의 모습이다. 갑골문과 전국시대의 習(습)자의 상부는 모두 깃 羽(우)자로 새의 날개를 표시했다. 하부는 日(일)자로 태양 혹은 새집을 표시한다. 小篆(소전) 이후 日(일)자가 잘못 변하여 白(백)자가 되었다.
본의는 "어린 새가 여러 번 나는 연습을 하다"이다. 『說文(설문)』에 "습은 여러 번 날다.(習, 數飛也)"라고 했다.

**상관어휘** 習慣(습관)　習作(습작)

**난이도** 한자능력검정시험 읽기 6급 쓰기 5급 Ⅱ

---

# 星
**별 성**

星(별 성 ; 日 - 총 9획)

---

**자형해설** 星(자)자의 상부는 많은 수량의 口(구)자형 혹은 日(일)자형의 별들이 하늘에서 반짝이는 모습이다. 하부의 生(생)자는 발음 부분이다. 여기서 해 日(일)자는 태양이 아니라 별의 모습이다. 밝을 晶(정)자의 日(일)자도 태양이 아니라 별을 나타낸다.

**상관어휘** 木星(목성)　星雲(성운)

**난이도** 한자능력검정시험 읽기 4급 Ⅱ 쓰기 4급

---

量
헤아릴 **량**

量(헤아릴 량 ; 里 – 총 12획)

---

자형해설   量(량)자는 원래 日(일)자와 重(중)자로 구성되었다. 그 의미는 햇볕 아래서
무게를 측량하는 것이다. 본의는 "도구를 사용해 무게와 길이를 재다"이다.
여기서 의미가 발전하여 "의논하다", "추측하다"가 되었다.

상관어휘   度量衡(도량형)   용량(容量)

난이도   한자능력검정시험 읽기 5급 쓰기 4급 II

---

明
밝을 **명**

明(밝을 명 ; 日 – 총 8획)

---

자형해설   明(명)자는 창문 囧(경)자와 달 月(월)자가 합쳐진 글자다. 즉 창문을 통해
서 들어오는 달빛이다. 明(명)자의 본의는 "밝다"이다. 나중에 해 日(일)자로
창문 囧(경)자를 대신했다.

상관어휘   明月(명월)   明鏡止水(명경지수)

난이도   한자능력검정시험 읽기 6급 II 쓰기 6급

# 杳
## 어두울 묘

杳(어두울 묘 ; 木 - 총 8획)

**자형해설**  杳(묘)자는 회의자로 태양(日 일)이 나무뿌리(木 목) 부분까지 떨어져 있다. 이는 이미 어두워짐을 표시한다. 杳(묘)자의 본의는 "어두컴컴하다"이다. 반대로 밝을 杲(고)자는 태양(日 일)이 나무 위에 걸려 있는 모습니다.

**상관어휘**  杳然(묘연)  杳冥(묘명)

**난 이 도**  한자능력검정시험 읽기 1급 쓰기 특급

---

# 晝
## 낮 주

晝(낮 주 ; 日 - 총 11획)

**자형해설**  晝(주)자의 상반부는 붓 聿(율)자다. 하반부 해 日(일)자와 주변의 선들은 일출에서 일몰까지의 낮과 밤 시간의 경계를 표시한다. 즉 해가 뜰 때와 질 때의 시간을 붓으로 기록하는 모습이다.

**상관어휘**  晝夜(주야)  晝光色(주광색)

**난 이 도**  한자능력검정시험 읽기 6급 쓰기 5급Ⅱ

---

月

달 **월**

月(달 월 ; 月 - 총 4획)

| 자형해설 | 月(월)자의 자형은 원래 굽은 형태의 新月(신월)이다. 달은 저녁에 나오기 때문에 저녁(夕 석) 시간을 표시한다. 갑골문과 金文(금문)에서 月(월)과 夕 (석)은 통용되었다. 小篆(소전) 이후 두 글자가 명확하게 구별되었다. 보름달 일 때 보다 殘月(잔월)일 때의 달의 모습이 더 오래감으로 잔월(殘月)의 모습으로 달을 표현했다. |

상관어휘   月蝕(월식)   月刊(월간)

난 이 도   한자능력검정시험 읽기 8급

間

틈 **간**

間(틈 간 ; 門 - 총 12획)

자형해설   間(간)자는 원래 문 門(문)자와 달 月(월)자로 구성된 회의자다. 자형은 두 문틈 사이로 달이 보이는 것을 표시한다. 그러므로 본의는 공극, 틈이다. 間(간)과 閒(한)은 어원이 같으나 나중에 분화되었다. 쉴 閒(한)자는 낮에 밖에서 일하고 밤에 집에 들어와 쉰다는 의미다.

상관어휘   間隔(간격)   空間(공간)

난 이 도   한자능력검정시험 읽기 7급 Ⅱ

## 外
### 밖 외

外(밖 외 ; 夕 - 총 5획)

**자형해설** 外(외)자는 夕(석 ; 고대 夕자와 月자는 한 글자였다.)자와 점 卜(복)자로 구성되었다. 점을 치는 행위는 보통 낮에 거행한다. 만약 밤에 점을 치면 그것은 예외 혹은 별도의 상황임을 강조한다.

**상관어휘** 外表(외표)   國外(국외)

**난이도** 한자능력검정시험 읽기 8급

## 夜
### 밤 야

夜(밤 야 ; 夕 - 총 8획)

**자형해설** 夜(야)자는 원래 夕(석 ; 月자와 동일)자와 발음을 나타내는 亦(역 ; 생략 자형)자로 구성되었다. 亦(역)은 夜(야)자의 본래 자이다. 夜(야)는 겨드랑이 腋(액)자의 본래 자이다. 金文(금문)은 성인의 양쪽 겨드랑이에 지사부호가 있다. 그중 하나가 肉(육)에서 夕(석)으로 변해 달이 높고 어두운 밤을 가리켰다. 본의는 "날이 어두워졌다 밝기까지의 시간"이다.

**상관어휘** 夜光(야광)   夜勤(야근)

**난이도** 한자능력검정시험 읽기 6급 쓰기 5급 Ⅱ

일찍 **숙**

夙(일찍 숙 ; 夕 - 총 6획)

---

**자형해설** 갑골문과 金文(금문)의 夙(숙)자의 모습은 모두 하늘에 殘月(잔월)이 걸려 있다. 즉 태양이 아직 나오지 않았는데 사람들이 들판에 일찍 나가 힘들게 노동을 하는 상황이다. 본의는 시간이 "이르다"라는 의미이다. 여기서 의미 가 발전하여 오래되다, 平素(평소) 등과 같은 의미가 생겼다.

**상관어휘** 夙成(숙성)  夙夜(숙야)

**난 이 도** 한자능력검정시험 읽기 1급 쓰기 특급

---

바랄 **망**

望(바랄 망 ; 月 - 총 11획)

---

**자형해설** 望(망)자의 자형은 한 사람(人)이 흙(土) 위에 서있는 모습인 임(壬)자와 달 月(월)자에 亡(망)자가 합쳐진 모습이다. 그림은 눈을 크게 뜨고 먼 곳을 바 라보고 있다. 金文(금문)은 여기에 달 月(월)자를 첨가해 달밤에 멀리 바라 보다는 의미를 더욱 분명히 했다.

**상관어휘** 望遠鏡(망원경)  展望臺(전망대)

**난 이 도** 한자능력검정시험 읽기 5급Ⅱ 쓰기 5급

---

反意語

| 輪廓(윤곽) ⇔ 核心(핵심) | 陰氣(음기) ⇔ 陽氣(양기) |
|---|---|
| 眞實(진실) ⇔ 虛僞(허위) | 進取(진취) ⇔ 退嬰(퇴영) |
| 集合(집합) ⇔ 解散(해산) | 斬新(참신) ⇔ 陳腐(진부) |
| 創造(창조) ⇔ 模倣(모방) | 添加(첨가) ⇔ 削減(삭감) |
| 縮小(축소) ⇔ 擴大(확대) | 稚拙(치졸) ⇔ 洗鍊(세련) |

故事成語

道聽塗說(도청도설)　　　　　　　　　　　　　　　　『論語 · 陽貨』

거리에서 들은 것을 곧 남에게 아는 체하며 말함. 깊이 생각하지 않고 예사로 듣고 예사로 말함.

塗炭之苦(도탄지고)　　　　　　　　　　　　　　　『晉書 · 苻丕載記』

진흙 구덩이나 숯불에 빠진 고통. 몹시 고생스럽고 곤란한 경우를 일컫는 말.

冬扇夏爐(동선하로)　　　　　　　　　　　　　　　『禮記 · 曲禮上』

겨울의 부채와 여름의 화로. 용도가 없어지면 아무 쓸모가 없어 버려지는 물건을 말한다.

磨斧爲針(마부위침)　　　　　　　　　　　　　　『潛確類書 卷六十』

도끼를 갈아서 바늘을 만든다. 아무리 이루기 힘든 일이라도 노력과 인내심만 있으면

성공하고야 만다는 뜻이다.


馬耳東風(마이동풍)　　　　　　　　　蘇軾「和何長官六言次韻五首」

말의 귀에 스쳐가는 동풍. 남의 말을 귀담아 듣지 않고 흘려버림을 일컫는 말이다.


望梅解渴(망매해갈)　　　　　　　　　　　『世說新語 · 假譎』

조조(曹操)가 목이 마른 병사에게 매실 이야기를 하여 자연히 입안에 침이 생겨서 목
마름을 풀게 했다는 고사에서 비롯된 말.


## 名言 / 格言


道吾惡者是吾師, 道吾好者是吾賊.　　　　　　　　　　『增廣賢文』

내가 악하다고 말하는 사람은 나의 스승이요, 내가 좋다고 말하는 사람은 나의 도둑이다.

道 : 길 도, 말할 도. 教說(교설)　　　師 : 스승 사
賊 :　도국 적　　　　　　　　　惡 : 악할 악 ; 미워할 오


學然後知不足, 敎然後知困.　　　　　　　　　　　　『禮記 · 學記』

배운 후에야 부족함을 알며, 가르친 후에야 곤궁함을 안다.

然後: 연후, ~한 후에　　　　　　困 : 괴로울 곤 ; 困窮(곤궁)함


貴易交, 富易妻, 人情乎! "弘日," 臣聞貧賤之交不可忘, 糟糠之妻不
下堂。　　　　　　　　　　　　　　　　　　　　　　『後漢書』

출세하면 친구를 바꾸고, 부유해지면 아내를 바꾼다는데 人之常情(인지상정)인가요!
송홍이 대답했다. "나는 빈천하던 시절의 친구를 잊어서는 안 되고, 가난할 때 함께 고
생한 아내를 버려서도 안 된다"고 들었습니다.

宋弘 : 송홍. 字는 중자(仲子). 前漢(전한) 시대의 인물로 인품이 정직 청렴함

人情 : 사람이 본래 가지고 있는 온갖 욕망. 人之常情(인지상정)

不可(불가) : 금지를 나타냄

忘 : 잊을 망

糟糠 : 지게미와 쌀 겨, 가난한 사람이 먹는 변변치 못한 음식.

糟糠之妻 : 지게미와 쌀겨로 끼니를 이어가며 고생을 같이 해온 아내, 곤궁할때
부터 간고를 함께 겪은 본처. 糟 지게미 조 糠 쌀겨 강

下 : 쫓아내다, 없애다, 제거하다, 버리다.

下堂 : 이혼하여 아내를 버리다.

| 冬 | 扇 | 夏 | 爐 | 馬 | 耳 | 東 | 風 |
|---|---|---|---|---|---|---|---|
| 겨울 **동** | 부채 **선** | 여름 **하** | 화로 **로** | 말 **마** | 귀 **이** | 동녘 **동** | 바람 **풍** |

겨울의 부채와 여름의 화로. 이미 쓸모가 없어진 물건을 말한다.

말의 귀에 스쳐가는 동풍. 남의 말을 귀담아 듣지 않고 흘려버림을 일컫는 말.

| 冬 | 扇 | 夏 | 爐 | 馬 | 耳 | 東 | 風 |
|---|---|---|---|---|---|---|---|
| 冬 | 扇 | 夏 | 爐 | 馬 | 耳 | 東 | 風 |
| | | | | | | | |
| | | | | | | | |
| | | | | | | | |
| | | | | | | | |
| | | | | | | | |
| | | | | | | | |

# 第十二課

# 地形

 生活漢字

---

### 運動競技

陸上競技　繼走　競步　短距離　鐵人三種　近代五種　投砲丸　投槍
投圓盤　飛距離　障碍物　水上競技　水泳　競泳　自由泳　背泳　平泳
蝶泳　繼泳　混泳　水球　潛泳　漕艇　操舵手

---

　본과에서는 한자 중 지형을 표현하는 부수인 阜(부), 邑(읍), 厂(엄) 등을 중심으로 공
부한다.

## 阜
언덕 **부**

阜(언덕 부 ; 阜 – 총 8획)

**자형해설** 언덕 阜(부)자의 최초 자형은 흙산(土山 토산)의 모습이다. 하지만 세로로
자형을 표시했고 단독으로 사용되는 경우는 매우 드물다.

阜(부)자가 변과 방으로 사용될 때는 생략형 阝(부)자로 쓰고 左阜傍(좌부
방)이라고 한다. 여기서 주의할 점은 고을 邑(읍)자도 부수로 사용하면 생략
형을 阝(부)자로 쓴다. 그러나 언덕 阝(부) 는 항상 한자의 왼쪽에 사용하고
(險 험) ; 고을 邑(읍)은 항상 한자의 오른쪽에 사용한다.(都 도)

**상관어휘** 阜陵(부릉)　大陸(대륙)

**난 이 도** 한자능력검정시험 읽기 2급 쓰기 1급

---

## 降
항복할 **항** /
내릴 **강**

降(항복할 항{내릴 강}; 阜-총9획)

**자형해설** 降(항)자의 좌변은 土山(토산;阜 언덕 부)자고 우변은 아래를 향하고 있는
두 발의 모습이다. 이는 "높은 곳에서 낮은 곳을 향해 내려가다."는 의미이
다. 나중에 의미가 발전하여 降服(항복) 등이 되었다.

**상관어휘** 下降(하강)　投降(투항)

**난 이 도** 한자능력검정시험 읽기 4급 쓰기 3급 Ⅱ

□□□

## 陶
질그릇 **도**

陶(질그릇 도 ; 阜 - 총 11획)

─────────────────────────────────

[자형해설] 陶(도)자의 원형은 질그릇 匋(도)자다. 金文(금문)의 자형은 한 사람이 허리
를 구부리고 손을 뻗어(勹) 절구에서 질그릇(缶 부)을 만드는 모습이다. 나
중에 언덕 阝(부)를 넣어 土山(토산)에서 도자기 흙을 가져다 그릇을 만드
는 모습을 설명했다. 여기서 의미가 변하여 배양하다, 기쁘다 등이 생겼다.

[상관어휘] 陶瓷器(도자기)  陶窯(도요)

[난 이 도] 한자능력검정시험 읽기 3급Ⅱ 쓰기 3급

─────────────────────────────────

□□□

## 陰
음달 **음**

陰(응달 음 ; 阜 - 총 11획)

─────────────────────────────────

[자형해설] 陰(음)자는 異體字(이체자)가 매우 많다, 『說文(설문)』에 陰(음)자는 阝
(부)자를 따른다고 했다. 金文(금문) 이후 소리를 표현하는 今(금)자가 들어
갔다. 하부에는 云(운)자가 들어갔다. 云(운)자는 구름 雲(운)자의 고체자로
구름이 해를 가려 그늘이 진다는 의미가 있다. 본의는 강의 남쪽, 산의 북쪽 언
덕이다. 예 : 山陰(산음)

[상관어휘] 陰地(음지)  陰濕(음습)

[난 이 도] 한자능력검정시험 읽기 4급Ⅱ 쓰기 4급

**陟**

오를 척

陟(오를 척 ; 阜 - 총 10획)

---

**자형해설** 陟(척)자의 왼쪽은 언덕 阝(부)자로 土山(토산)이다. 오른쪽은 발 止(지)자
두 개로 아래서 위로 등산하는 두 발을 의미한다. 그러므로 본의는 등산, 혹
은 높은 곳에 오름이다.

**상관어휘** 三陟(삼척)　陟罰(척벌)

**난 이 도** 한자능력검정시험 읽기 2급 쓰기 1급

---

**邑**

고을 **읍**

邑(고을 읍 ; 邑 - 총 7획)

---

**자형해설** 邑(읍)자의 윗부분 사각형은 거주지 마을을 표시한다. 하부(巴 땅 이름 파)
는 돗자리에 앉아 있는 사람인데 마을에 거주하는 것을 표시한다. 나중에 의
미가 변하여 封地(봉지), 都市(도시)의 뜻이 생겼다.

**상관어휘** 邑面所在地(읍면소재지)　都邑(도읍)

**난 이 도** 한자능력검정시험 읽기 7급

---

**鄙**

시골 **비**

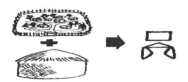

鄙(시골 비 ; 邑 - 총 14획)

---

[자형해설] 鄙(비)자의 왼쪽 위 사각형은 사람들이 모여서 사는 장소를 표시하고 아래쪽 回(회)자는 들판에 설치한 임시 창고(廩 곳집 름)의 모습이다. 원래의 뜻은 변방의 도읍(邊邑)이다. 후에 마을의 의미를 더해 간척지에 농사를 짓는 변방의 도읍을 말했다.

[상관어휘] 鄙俗(비속)  鄙陋(비루)

[난 이 도] 한자능력검정시험 읽기 1급 쓰기 특급

---

**邦**

나라 **방**

邦(나라 방 ; 邑 - 총 7획)

---

[자형해설] 邦(방)자는 갑골문에는 밭 田(전)자의 의미와 발음을 나타내는 豐(풍)자로 구성되었다. 田(전)자는 숲이 무성한 곳으로 사람들이 생활하는 장소다. 金文(금문)에서는 田(전)자를 고을 邑(읍)자로 바꾸어 표기했다. 고을 邑(읍)은 사람들이 모여 사는 곳이다. 봉지(封地)에 나무를 심어 영지의 경계를 삼았다. 邦(방)자의 원래 의미는 나라(國)다.

[상관어휘] 萬邦(만방)  友邦(우방)

[난 이 도] 한자능력검정시험 읽기 3급 쓰기 2급

石

**돌 석**

石(돌 석 ; 石 - 총 5획)

| 자형해설 | 石(석)자의 자형은 절벽(厂)에서 떨어진 돌덩이(口) 모습이다. 厂(엄)자는 "산기슭"이나 "비탈진 절벽"을 의미한다. 이 부수는 절벽 같은 지형을 표시 한다.

| 상관어휘 | 石塔(석탑)　石灰石(석회석)

| 난 이 도 | 한자능력검정시험 읽기 6급 쓰기 5급 II

侯

**과녁 후**

侯(과녁 후 ; 人 - 총 9획)

| 자형해설 | 侯(후)자의 자형은 원래 기슭 厂(엄)자 속에 화살 矢(시)자를 그려 넣은 모습 이다. 厂(엄)은 산의 절벽을 표시한다. 그러므로 侯(후)자는 "화살촉이 절벽 에 표시된 목표를 향해 날아가는 모습"을 그린 것이다. 본의는 화살과녁이 다. 사람이 산기슭에 숨어 있다가 화살로 사냥하는 동작이다.

| 상관어휘 | 諸侯(제후)　熊侯(웅후 : 임금이 사용하는 화살과녁)

| 난 이 도 | 한자능력검정시험 읽기 3급 쓰기 2급

## 岸

언덕 **안**

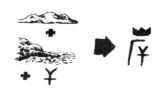

岸(언덕 안 ; 山 – 총 8획)

---

**자형해설** 岸(안)자는 처음에는 기슭 厂(엄)으로 썼다. 厂(엄)은 낭떠러지다. 나중에
발음부분을 표시하는 干(간)자를 첨가해 厈(굴바위 엄)으로 썼다. 마지막에
다시 의미를 표시하는 山(산)을 첨가했다. 하천이나 호수연안 지역의 군사
적 의미가 큰 높은 산지를 가리킨다. 『字滙(자회)』에 "언덕 厓(애)는 물가의
높은 곳이다. 岸(안)으로 쓰기도 했다.(厓, 水厓(涯)高也. 俗作岸.)"고 했다.

**상관어휘** 海岸線(해안선)　岸壁(안벽)

**난 이 도** 한자능력검정시험 읽기 3급 Ⅱ 쓰기 3급

---

## 厚

두터울 **후**

厚(두터울 후 ; 厂 – 총 9획)

---

**자형해설** 厚(후)자의 자형은 절벽(厂엄) 아래에 입구가 크고 몸체가 작은 용기가 놓여
있는 모습이다. 이 용기는 두꺼운 돌로 조각되었고 매우 무거워 보인다. 고
문에서는 垕(두터울 후)자로 썼으나 지금은 사용하지 않는다. 절벽을 뚫어
지하에 건축한 신분이 높은 사람의 묘지다.

**상관어휘** 厚顔無恥(후안무치)　厚賜(후사)

**난 이 도** 한자능력검정시험 읽기 4급 쓰기 3급 Ⅱ

---

## 反意語

| 樂觀(낙관) ⇔ 悲觀(비관) | 濫讀(남독) ⇔ 精讀(정독) |
| --- | --- |
| 密接(밀접) ⇔ 疎遠(소원) | 反目(반목) ⇔ 和睦(화목) |
| 分離(분리) ⇔ 統合(통합) | 卑近(비근) ⇔ 深遠(심원) |
| 優越(우월) ⇔ 劣等(열등) | 偉人(위인) ⇔ 凡人(범인) |
| 直線(직선) ⇔ 曲線(곡선) | 直接(직접) ⇔ 間接(간접) |

## 故事成語

亡羊補牢(망양보뢰)          劉向 『戰國策‧楚策』

양을 잃고서 그 우리를 고친다. 이미 때는 늦었음을 비유.

孟母三遷(맹모삼천)          劉向 『烈女传‧卷一‧母儀』

맹자의 어머니가 교육을 위해 묘지, 시장, 서당의 세 곳에 걸쳐 이사를 했던 일. 부모가
자식의 장래를 염려하여 여러 모로 애씀을 뜻한다.

明鏡止水(명경지수)          『莊子‧德充符』

맑은 거울과 잔잔한 물. 마음이 고요하고 잡념이나 가식이 없이 아주 맑고 깨끗함.

明若觀火(명약관화)          『尚書‧盤庚上』

불을 보는 듯이 환하게 분명히 알 수 있음.

明哲保身(명철보신)                         『詩經 · 大雅 · 烝民』

총명하고 사리에 밝아 다른 사람보다 앞서 알고, 사리에 따라 진퇴를 어긋나지 않게 함. 요령 있게 처세를 잘하는 것.

毛遂自薦(모수자천)                     『史記 · 平原君虞卿列傳』

진(秦)나라가 조(趙)나라를 치자 조나라는 초나라와 반진(反秦) 연합군을 결성하고자 했다. 어려운 상황에서 모수(毛遂)가 스스로를 추천하여 평원군(平原君)을 따라 초 (楚)나라에 가 망설이는 초왕을 칼로 위협하고 논리적으로 구슬러서 합종(合從)의 협 약을 맺게 한 사건.

## 名言 / 格言

謂學不暇者, 雖暇亦不能學矣.                     『淮南子』

배우려고 해도 시간이 없다고 하는 사람은 설사 시간이 있더라도 배울 수 없다.

謂 : 이를 위, 말하다           暇 : 겨를 가, 여유 시간
雖 : 비록 수, 역접의 접속사     亦 : 또 역 , 역시 또한
矣 : 어조사 의, 평서문의 끝에 주로 사용한다.

知足不辱, 知止不殆.                          『道德經』

만족할 줄 알면 욕되지 아니하고 그만둘 줄 알면 위태롭지 않다.

知足 : 족한 줄 알다. 자신의 환경이나 지식 등
辱 : 욕되게 할 욕 , 凌辱(능욕)
止 : 발 지 , 멈추다. 禁止(금지)
殆 : 위태할 태

子貢問曰, "鄕人皆好之, 何如?" 子曰, "未可也." "鄕人惡皆之, 何 如?" 子曰, "未可也, 不如鄕人之善者好之, 其不善者惡之."

『論語 · 子路』

자공이 물었다. "마을 사람들이 모두 어떤 사람을 좋아한다면 어떻습니까?" 공자가 대답했다. "그것만으로는 알 수 없다." 자공이 다시 "마을 사람들이 모두 어떤 사람을 싫어한다면 어떻습니까?"라 묻자, 공자가 말했다. "그것만으로는 알 수 없다. 마을 사람들 중에 착한 사람들이 모두 그 사람을 좋아하고 마을 사람들 중에 나쁜 사람들이 모두 그 사람을 싫어하는 것이 낫다."

子貢 : 자공. 공자의 제자로 이름은 端木賜(단목사 B.C.526-B.C.456)이다. 공자의 10대 제자 중 한명이다.

貢 : 바칠 공 　　　　　　　　　　　　鄕人 : 같은 마을에 사는 사람들.

之 : 여기서는 '어떤 사람'의 의미.

惡 : 미워하다, 싫어하다. ※ 여기서는 '오'로 읽는다.

不如 : ~만 못하다, ~가 더 낫다.

| 孟 | 母 | 三 | 遷 | 明 | 哲 | 保 | 身 |
|---|---|---|---|---|---|---|---|
| 맏 **맹** | 어미 **모** | 석 **삼** | 옮길 **천** | 밝을 **명** | 밝을 **철** | 지킬 **보** | 몸 **신** |

| 맹자의 어머니가 맹자의 교육을 위해 묘지, 시장, 서당으로 세 번 이사를 했던 일. 부모가 자식의 장래를 위해 여러 모로 애씀. | | | | 사리에 통해 무리들에 앞서 알고, 사리에 따라 진퇴를 어긋나지 않게 함. 요령 있게 처세함. | | | |
|---|---|---|---|---|---|---|---|
| 孟 | 母 | 三 | 遷 | 明 | 哲 | 保 | 身 |
| 孟 | 母 | 三 | 遷 | 明 | 哲 | 保 | 身 |
| | | | | | | | |
| | | | | | | | |
| | | | | | | | |
| | | | | | | | |
| | | | | | | | |
| | | | | | | | |
| | | | | | | | |

## 교육용한자 중 음이 "가"자인 한자 정리 2

(6) 家(집 가): 宀(집 면)자와 豕(돼지 시)자로 이루어진 글자. 옛날 집에서 돼지가 사육되는 모습을 나타냈는데, 이는 돼지가 소·말·양 등에 비해 사람이 사는 집과 더욱 밀접하게 길러진 가축이기 때문임.

    ⇨ 家자는 두 부수자인 宀(면)자와 豕(시)자가 합쳐진 글자로, 嫁(시집갈 가)·稼(심을 가)자 등의 구성에 도움을 주면서 음의 역할을 함.

(7) 暇(겨를 가): 日(해 일)자로 인해 그 뜻이 바쁜 가운데 잠시 동안의 시간인 '겨를'이 되고, 叚(빌릴 가)자로 인해 그 음이 '가'가 됨.

    ⇨ 日자는 부수자임. 叚자는 언덕의 위와 아래에 두 손이 있는 모양을 표현한 한자로, 假(거짓 가)·蝦(새우 하=鰕)·遐(멀 하)·瑕(티 하)·霞(놀 하)자의 구성에 도움을 주면서 음의 역할을 함.

(8) 架(시렁 가): 木(나무 목)자로 인해 그 뜻이 물건을 얹어 놓기 위해 벽에 설치한 나무 '시렁'이 되고, 加(더할 가)자로 인해 그 음이 '가'가 됨.

    ⇨ 架자는 駕(멍에 가)·嘉(아름다울 가)·袈(가사 가)·跏(책상다리할 가)·伽(절 가)·迦(막을 가)·賀(하례할 하)자에서도 그 구성에 도움을 주면서 음의 역할을 함.

(9) 歌(노래 가): 입을 크게 벌리는 동작과 관련이 있는 欠(하품 흠)자로 인해 입을 크게 벌려 노래를 한다 하여 그 뜻이 '노래'가 되고, 哥(옳을 가)자로 인해 그 음이 '가'가 됨.

    ⇨ 可자는 苛(매울 가)·河(강 이름 하)·何(어찌 하)·荷(연 하, 짐 하)·阿(언덕 아)자에서도 그 구성에 도움을 주면서 음의 역할을 함.

(10) 街(거리 가): 사람이 많이 다니는 사거리. 行(다닐 행)자로 인해 그 뜻이 '거리'가 되고, 圭(홀 규)자로 인해 그 음이 '가'가 됨.

    ⇨ 街자는 行자와 두 개의 土자가 합쳐진 글자다. 두 개의 土자가 합쳐진 圭(규)자는 閨(안방 규)·奎(별이름 규)·硅(규소 규)·佳(아름다울 가)·桂(계수나무 계)·卦(점괘 괘)·崖(언덕 애)·蛙(개구리 와)·鞋(신 혜)자에서처럼 街자의 음에 영향을 주었음.

## 第十三課

# 水와 火

 **生活漢字**

### 醫療用語

綜合病院　韓醫院　醫師　看護師　藥師　內科　外科　眼科　皮膚科

神經精神科　耳鼻咽喉科　産婦人科　物理治療科　臨床病理科　放射線科

神經科　家庭醫學科　齒科　應急室　入院室　中央集中治療室

　본과에서는 물(水)과 불(火)의 모습을 활용한 글자를 배워봅시다. 물과 관련된 한자 부수는 水(수), 氵(수), 冫(빙), 川(천)이 있고 불과 관련된 부수는 火(화), 灬(화)가 있다.

水
물 수

□ □ □

水(물 수 ; 水 - 총 4획)

**자형해설** 상형자로 水(수)자 중간에 구부러진 완곡한 곡선은 물의 흐름을 표시한다. 주변의 점들은 물방울 혹은 부서진 파도의 모습이다.

**상관어휘** 水源池(수원지)  水泳(수영)

**난이도** 한자능력검정시험 읽기 8급

永
길 영

□ □ □

永(길 영 ; 水 - 총 5획)

**자형해설** 永(영)자의 자형은 물(水)에서 헤엄치는 사람(人)의 모습이다. 혹자는 강물이 흐르다 지류가 생겨 길게 흘러가는 모습이라고도 한다. 永(영)자가 길다는 의미가 생기자 본래 의미를 보존하기 위해 永(영)자에 氵(수)를 첨가하여 헤엄칠 泳(영)자를 만들었다.

**상관어휘** 永久(영구)  永遠(영원)

**난이도** 한자능력검정시험 읽기 6급 쓰기 5급Ⅱ

**泉**

샘 천

泉(샘 천 ; 水 – 총 9획)

---

자형해설 泉(천)자의 자형은 산속의 돌 틈에서 샘물이 밖으로 솟아 나오는 모습이다. 泉(천)은 근원 原(원)자의 본래 자이다. 隸書(예서) 이후 자형이 본의를 알 아 볼 수 없게 변했다. 본의는 물의 근원(水源)으로 지하수를 말한다.

상관어휘 溫泉(온천)   涌泉(용천)

난 이 도 한자능력검정시험 읽기 4급 쓰기 3급 Ⅱ

---

**原**

근원 원

原(근원 원 ; 厂 – 총 10획)

---

자형해설 근원 原(원)자는 水源(수원)이란 뜻이다. 原(원)은 근원 源(원)자의 본래 자 이다. 자형은 산의 절벽(厂 엄) 아래 샘(泉 천)이 있다. 여기서 샘물의 근원이 란 의미가 생겼다. 후에 의미가 발전하여 본래, 이유, 광활하고 평평한 땅 등 이 되었다. 原(원)자가 본래 라는 의미가 생기자 "본래"의 뜻을 분명하게 하 기 위해 물 氵(수)자를 첨가하여 근원 源(원)자를 만들었다.

상관어휘 平原(평원)   原因(원인)

난 이 도 한자능력검정시험 읽기 5급 쓰기 4급 Ⅱ

---

□ □ □

**더할 익**

益(더할 익 ; 皿 - 총 10획)

---

**자형해설** 益(익)자는 넘칠 溢(일)자의 본래 자이다. 자형은 물(水)이 그릇(皿 명)에 가
득차서 넘쳐흐르는 모습이다. 이때 水(수)자는 90도 회전하여 누워있는 모
습이다.

**상관어휘** 多多益善(다다익선)　益母草(익모초)

**난 이 도** 한자능력검정시험 읽기 4급Ⅱ 쓰기 3급

---

□ □ □

**목욕할 욕**

浴(목욕할 욕 ; 水 - 총 10획)

---

**자형해설** 浴(욕)자의 자형은 큰 그릇 안에 사람이 서서 몸에 물을 적시는 모습이다. 즉
목욕을 하는 모습이다. 金文(금문)에는 浴(욕)자가 없다. 戰國(전국) 楚帛
書(초백서)에 처음으로 좌변에 물 氵(수)자를 우변에 谷(곡)자를 사용한 형
성자가 등장한다. 그러므로 계곡의 시내에서 목욕하는 것이다.

**상관어휘** 沐浴湯(목욕탕)　山林浴(산림욕)

**난 이 도** 한자능력검정시험 읽기 5급 쓰기 4급Ⅱ

---

**江**

**강 강**

江(강 강 ; 水 - 총 6획)

---

[자형해설] 江(강)자의 자형은 의미를 표현하는 물 水(수)자와 발음을 나타내는 工(공)
자로 되어있다. 江(강)자는 원래 長江(장강)을 가리키는 고유명사였지만 나
중에 큰 강의 통칭이 되었다. 工(공)은 클 巨(거)자의 본래 자로 크다는 의미
가 있다.

[상관어휘] 漢江(한강) 江原道(강원도)

[난 이 도] 한자능력검정시험 읽기 7급 Ⅱ

---

**沙**

**모래 사**

沙(모래 사 ; 水 - 총 7획)

---

[자형해설] 沙(사)자는 처음에는 적을 少(소)자였고 나중에 水(수)자를 넣어 沙(사)자
가 되었다. 『說文(설문)』에 "물에 의해 쪼개진 작은 돌"이라고 해석했다. 그
래서 본의는 모래다.

[상관어휘] 沙漠(사막)　白沙場(백사장)

[난 이 도] 한자능력검정시험 읽기 3급 Ⅱ 쓰기 3급

---

寒

**찰 한**

寒(찰 한 ; 宀 – 총 12획)

寒(한)자의 자형은 볏단으로 둘러쳐진 집안에서 맨발로 얼음을 밟고 있는
사람의 모습이다. 사람 주변에 짚을 깔아 따뜻하게 하려하지만 여전히 날씨
가 추운 것을 표현한다.

寒氣(한기)  寒冷前線(한랭전선)

한자능력검정시험 읽기 5급 쓰기 4급 Ⅱ

---

冰

**얼음 빙**

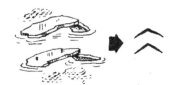

冰(얼음 빙 ; 水 – 총 5획)

冰(빙)자는 氷(빙)자의 본래 자로 물위에 떠다니는 얼음 모습이다. 이런 流
氷(유빙)은 서로 부딪쳐 V자 형을 잘 만든다. 갑골문은 이런 형상의 얼음 모
습 두 개를 본떠 冰(빙)자를 만들었다. 金文(금문) 이후 얼음 冫(빙)자를 첨
가했다. 冫(빙)은 물 氵(수)에서 점을 하나 빼서 얼음이 된 것을 나타냈다. 현
재는 氷(빙)자로 쓴다.

氷山(빙산)  冰水(빙수)

한자능력검정시험 읽기 5급 쓰기 4급 Ⅱ

**火**

불 화

火(불 화 ; 火 - 총 4획)

---

자형해설 火(화)자의 자형은 타오르는 불덩이의 모습이다. 전형적인 상형자로 불의
윤곽선을 사용하여 자형을 표현했다. 또 물체가 연소할 때 생기는 광염을 나
타내기도 한다.

상관어휘 火焰(화염)  火災(화재)

난이도 한자능력검정시험 8급

---

**赤**

붉을 적

赤(붉을 적 ; 赤 - 총 7획)

---

자형해설 붉을 赤(적)자는 원래 大(대)자와 火(화)자로 이루어졌다. 큰불로 죄인을 처
결하는 형상이다. 또 불은 붉은 색이기 때문에 赤(적)자의 본의가 붉은색을
가리키게 되었다. 나중에 "깨끗하여 아무 것도 없음"이란 의미로 적수공권
(赤手空拳)과 같은 의미를 표현한다.

상관어휘 赤色(적색)  赤十字(적십자)

난이도 한자능력검정시험 읽기 5급 쓰기 4급 II

---

## 赫
**붉을 혁**

赫(붉을 혁 ; 赤 - 총 14획)

**자형해설** 赫(혁)자의 자형은 두 개의 붉을 赤(적)자로 구성되어 있다. 그러므로 赫(혁)자의 본의는 더욱 크고 선명한 붉은 색이다. 隷書(예서) 이후 큰 大(대)자가 흙 土(토)잘 바뀌었다.

**상관어휘** 赫赫(혁혁)  朴赫居世(박혁거세)

**난이도** 한자능력검정시험 읽기 2급 쓰기 1급

---

## 羔
**새끼 양 고**

羔(새끼 양 고 ; 羊 - 총 10획)

**자형해설** 羔(고)자의 상부는 양 羊(양)자, 하부는 불 火(화)자로 불로 양을 굽는 모습이다. 가장 맛있는 양 구이는 어린 양을 사용해 구운 요리다. 그러므로 羔(고)자는 새끼 양(小羊)을 말한다. 『說文(설문)』에 "羔(고)는 새끼 양이다(羔, 羊子也)"고 했다.

**상관어휘** 羔羊(고양)  羔裘(고구)

**난이도** 한자능력검정시험 읽기 4급 쓰기 3급

## 幽
**그윽할 유**

幽(그윽할 유 ; 幺 - 총 9획)

**자형해설** 幽(유)자의 상부는 실 絲(사)자, 하부는 불 火(화)자이다. 처음 불씨는 가는 실처럼 매우 미약하다. 그래서 본의가 "미약한 불"이다. 여기서 의미가 변하여 "어두운", "그윽한"의 뜻이 되었다.

**상관어휘** 幽居(유거)　深山幽谷(심산유곡)

**난이도** 한자능력검정시험 읽기 3급Ⅱ 쓰기 3급

## 焦
**그을릴 초**

焦(그을릴 초 ; 火 - 총 12획)

**자형해설** 焦(초)자의 자형은 강한 불 위에 새(隹 추) 한 마리가 불타고 있는 모습이다. 본의는 "화상"이다. 『說文(설문)』에는 "불에 덴 상처"라고 했다.

**상관어휘** 焦燥(초조)　勞心焦思(노심초사)

**난이도** 한자능력검정시험 읽기 2급 쓰기 1급

熏
연기낄 **훈**

熏(연기 낄 훈 ; 火 - 총 14획)

---

**자형해설** 熏(훈)자의 金文(금문) 자형은 "불에 그슬린 검은 연통의 모습"이다. 지사부호 두 점은 통속의 향료이다. 나뭇가지 같은 모습은 연기가 위로 올라가는 것을 표시했다. 田(전)자는 연통이 검게 그을린 것을 표시한다. 하반부는 火(화)자다. 이체자로 薰(훈)과 燻(훈)이 있다.

**상관어휘** 熏劑(훈제)　熏煙(훈연)

**난 이 도** 한자능력검정시험 읽기 2급 쓰기 1급

---

反意語

朗讀(낭독) ⇔ 黙讀(묵독)　　　　內容(내용) ⇔ 形式(형식)

訥辯(눌변) ⇔ 能辯(능변)　　　　單純(단순) ⇔ 複雜(복잡)

內包(내포) ⇔ 外延(외연)　　　　唐慌(당황) ⇔ 沈着(침착)

獨創(독창) ⇔ 模倣(모방)　　　　慢性(만성) ⇔ 急性(급성)

忘却(망각) ⇔ 記憶(기억)　　　　滅亡(멸망) ⇔ 興起(흥기)

故事成語

自相矛盾(자상모순)　　　　　　　　　　　　　　『韓非子·難一』

어떤 말이나 행동의 앞뒤가 맞지 않고 어긋남.

目不識丁(목불식정)　　　　　　　　　　　　胡應麟『詩藪·六朝』

낫 놓고 기역자도 모를 만큼 아주 무식함.

刎頸之交(문경지교)　　　　　　　　　　　『史記·廉藺相如列傳』

목이 잘리는 한이 있어도 마음을 변치 않고 사귀는 친한 사이(=勿頸之交)

門前成市(문전성시)　　　　　　　　　　　　　『漢書·鄭崇傳』

권세가 드날리거나 부자가 되어 집문 앞에 찾아오는 손님들로 마치 시장을 이룬 것
같음.

尾生之信(미생지신) 『莊子·盜跖』

魯나라의 高尾生은 여자와 다리 아래에서 만나기로 기약했다. 여자가 오지 않자, 홍수가 났어도 떠나지 않아, 기둥을 끌어안고서 여자를 기다리다 죽었다. 신의가 두터운 것을 비유하거나, 우직한 것을 비유함.

密雲不雨(밀운불우) 『周易·小畜』

짙은 구름이 끼어 있으나 비가 오지 않음. 어떤 일의 징조만 있고 그 일은 이루어지지 않는 것을 비유함.

名言 / 格言

與人, 不求感德, 無怨 便是德. 『荣根譚』

다른 사람에게 주었으면 그 은덕에 감격하기를 구하지 말고, 상대가 원망하지만 않는다면 이것이 바로 덕이다.

人 : 사람 인 , 즉 타인
感德(감덕) : 덕을 감사함, 혹은 은혜를 감사함
怨 : 원망할 원　　　　　　　　便 : 문득 변 / 편할 편 , 곧, 바로

夫仁者己欲立而立人, 己欲達而達人. 『論語·雍也』

인자란 자신이 나서고 싶을 때 남을 내세우며, 자기의 목적을 달성하고

싶으면 남을 먼저 달성하게 한 후 자기가 한다.

夫(부) : 발어사 , 대저　　　　己(기) : 자신 人(인) : 타인
達 : 통달할 달 ; 즉 달성하다.　　而 : 말 이을 이, 접속사

福在積善禍在積惡. 『周易·文言傳』

복(福)의 근원은 선(善)을 쌓는 데 있고, 화(禍)의 근원은 악(惡)을 쌓는 데 있다.

積善(적선) : 선을 쌓다.　　　　在 : 있을 재 ; 여기서는 동사로 사용

| 刎 | 頸 | 之 | 交 | 門 | 前 | 成 | 市 |
|---|---|---|---|---|---|---|---|
| 목벨 **문** | 목 **경** | 갈 **지** | 사귈 **교** | 문 **문** | 앞 **전** | 이룰 **성** | 저자 **시** |

| 목이 잘리는 한이 있어도 마음을 변치 않고 사귀는 친한 사이. | | | | 권세가 드날리거나 부자가 되어 집문 앞에 찾아오는 손님들로 마치 시장을 이룬 것 같음. | | | |
|---|---|---|---|---|---|---|---|
| 刎 | 頸 | 之 | 交 | 門 | 前 | 成 | 市 |
| 刎 | 頸 | 之 | 交 | 門 | 前 | 成 | 市 |
| | | | | | | | |
| | | | | | | | |
| | | | | | | | |
| | | | | | | | |
| | | | | | | | |
| | | | | | | | |
| | | | | | | | |

**교육부 지정 1800자 중 木(목)부에 속하는 글자**

(1) 朴(후박나무 박): 木자로 인해 그 뜻이 나무의 일종인 '후박나무'가 되고, 卜(점 복)
자로 인해 그 음이 '박'이 됨.
⇨ 卜(점 복): 朴(후박나무 박) · 赴(다다를 부) · 訃(부고 부)

(2) 杜(팥배나무 두): 木자로 인해 그 뜻이 나무의 일종인 '팥배나무'가 되고, 土(흙 토)
자로 인해 그 음이 '두'가 됨.
⇨ 土(흙 토): 吐(토할 토) · 徒(무리 도) · 杜(팥배나무 두)

(3) 松(소나무 송): 木자로 인해 그 뜻이 나무의 일종인 '소나무'가 되고, 公(공평할 공)
자로 인해 그 음이 '송'이 됨.
⇨ 公(공평할 공): 松(소나무 송) · 頌(기릴 송) · 訟(송사할 송) · 翁(늙은이 옹) · 瓮
(독 옹)

(4) 柏(잣나무 백): 木자로 인해 그 뜻이 나무의 일종인 '잣나무'가 되고, 白(흰 백)자로
인해 그 음이 '백'이 됨.
⇨ 白(흰 백): 柏(잣나무 백) · 伯(맏 백) · 魄(넋 백) · 帛(비단 백) · 百(일백 백) · 拍
(칠 박) · 泊(배댈 박) · 迫(닥칠 박) · 箔(발 박) · 舶(배 박) · 珀(호박 박)

(5) 桃(복숭아나무 도): 木자로 인해 그 뜻이 나무의 일종인 '복숭아나무'가 되고, 兆(조
짐 조)자로 인해 그 음이 '도'가 됨.
⇨ 兆(조짐 조): 眺(바라볼 조) · 窕(정숙할 조) · 佻(방정맞을 조) · 桃(복숭아나무
도) · 逃(달아날 도) · 挑(돋울 도) · 跳(뛸 도)

(6) 桐(오동나무 동): 木자로 인해 그 뜻이 나무의 일종인 '오동나무'가 되고, 同(한 가지
동)자로 인해 그 음이 '동'이 됨.
⇨ 同(한 가지 동): 桐(오동나무 동) · 銅(구리 동) · 胴(큰창자 동) · 洞(골 동)

## 第十四課

# 家畜動物

 **生活漢字**

### 나이 표현 漢字

志學：吾十有五而志于學(論語 爲政)　　弱冠：二十日弱冠(禮記 曲禮上)

而立：三十而立(論語 爲政)　　　　　不惑：四十而不惑(論語 爲政)

知天命：五十而知天命(論語 爲政)　　耳順：六十而耳順(論語 爲政)

古稀：七十而從心所欲 不踰矩(論語 爲政)


51세: 望六　61세: 華甲, 還甲, (回甲)　62세: 進甲　77세: 喜壽.

81세: 望九　88세: 米壽.　90세: 卒壽　99세: 白壽.

100세 : 考終命


　본과에서는 집안 가축을 위주로 공부해보자. 여기에 속하는 한자 부수로는 犬(견), 犭(큰 개 견), 牛(우), 馬(마), 羊(양), 豕(돼지 시) 등이 있다.

犬
개 견

犬(개 견 ; 犬 - 총 4획)

**자형해설**　犬(견)자는 상형자로 자형은 꼬리를 위로 말아 올린 개의 모습이다. 초기 金
文(금문)에서 犬(견)자는 거의 그림과 같았다. 현대 중국어에서 犬(견)자는
단독으로 사용하기 보다는 조합을 이루어 다음절의 단어로 사용한다. 또 犬
(견)자는 부수로 사용할 땐 犭(큰 개 견)의 형태로 일반 동물을 가리키는 한자
에 사용한다.

**상관어휘**　犬馬之勞(견마지로)　犬猿之間(견원지간)

**난이도**　한자능력검정시험 읽기 4급 쓰기 3급 Ⅱ

---

獻
바칠 헌

獻(바칠 헌 ; 犬 - 총 20획)

**자형해설**　獻(헌)자의 자형은 원래는 솥 鬳(권)자와 개 犬(견)자로 구성되었다. 그 의
미는 "솥에 불을 때서 개를 삶아 제물을 만들어 종묘에 헌상한다."이다. 따라
서 獻(헌)자의 본의는 "제사를 올리다"이고 여기서 의미가 발전하여 奉獻
(봉헌)이 되었다.

**상관어휘**　獻金(헌금)　獻呈(헌정)

**난이도**　한자능력검정시험 읽기 3급 Ⅱ 쓰기 3급

## 臭
냄새 **취**

臭(냄새 취 ; 自 - 총 10획)

---

**자형해설** 臭(취)자의 자형은 개(犬)가 민감한 코(自자)로 냄새를 구별하는 모습이다. 나중에 口(구)자를 첨가하여 냄새 맡을 嗅(후)자로 썼고 모든 냄새의 총칭이 되었다. 개의 코가 매우 민감한 것을 강조한 글자다.

**상관어휘** 臭汗症(취한증)　惡臭(악취)

**난 이 도** 한자능력검정시험 읽기 3급 쓰기 2급

---

## 狂
미칠 **광**

狂(미칠 광 ; 犬 - 총 7획)

---

**자형해설** 狂(광)자는 자형이 犬(견)자와 㞢(초목 무성할 왕 ; 往)자의 결합이다. 개가 수목을 향해 질주하며 날뛰는 모습이다. 여기서 의미가 발전하여 "미치다" 가 되었고 나중에 방종, 흉포 등의 의미를 갖게 되었다.

**상관어휘** 狂妄(광망)　狂犬病(광견병)

**난 이 도** 한자능력검정시험 읽기 3급Ⅱ 쓰기 3급

---

## 獲
얻을 획

獲(얻을 획 ; 犬 - 총 17획)

**자형해설** 獲(획)자는 처음에는 새 한 마리 隻(척)자로 썼다. 자형은 풀(艹초)속에 있는 새를 한 손으로 잡은 모습이다. 그러므로 본의는 "포획하다"이다. 小篆(소전)에서 처음으로 큰 개 犭(견)자를 붙였다. 즉 "사냥개를 이용해 새를 잡다"는 뜻이다.

**상관어휘** 捕獲(포획)  獲得(획득)

**난 이 도** 한자능력검정시험 읽기 3급Ⅱ 쓰기 3급

## 獸
짐승 수

獸(짐승 수 ; 犬 - 총 19획)

**자형해설** 獸(수)자의 자형은 좌변이 짐승을 잡는 무기 單(단)이고 우변은 사냥개(犬견)이다. 본의는 무기와 사냥개를 사용해 하는 "수렵"이다. 나중에 수렵이란 의미로 狩(사냥 수)자를 썼고 수렵당한 동물을 獸(수)라고 했다.

**상관어휘** 禽獸(금수)  獸醫(수의)

**난 이 도** 한자능력검정시험 읽기 3급Ⅱ 쓰기 3급

**牛**

소 우

牛(소 우 ; 牛 - 총 4획)

자형해설 牛(우)자는 상형자로 소의 머리 부분을 표시해 둥근 뿔 두 개를 크게 표현하여 강조했다. 소 牛(우)자가 변으로 사용되면 牜(소우변 우)자로 사용된다. 예 ; 物(물) 特(특)

상관어휘 牛乳(우유)   牛步(우보)

난 이 도 한자능력검정시험 읽기 5급 쓰기 4급 II

**半**

반 반

半(반 반 ; 十 - 총 5획)

자형해설 半(우)자의 상부는 원래 八(팔)자로 나누다(分)라는 의미다. 하부는 원래 소 牛(우)자다. 이 두자가 합쳐서 죽은 소 한 마리를 분해하여 나누는 것이다. 즉 반반씩 나누는 것이다. 여기서 의미가 발전하여 "~의 중간"이 되었다. 예: 夜半(야반)

상관어휘 半世紀(반세기)   半身(반신)

난 이 도 한자능력검정시험 읽기 6급 II 쓰기 6급

牽
끌 견

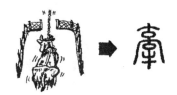

牽(끌 견 ; 牛 - 총 11획)

---

**자형해설** 牽(견)자는 동아줄 玄(현)과 소 우리 冂(경), 그리고 소 牛(우)자로 구성되어 동아줄로 우리 안의 소를 묶어서 끌고 나오는 모습이다. 이런 한자의 자형을 통해 고대에 이미 소가 가축인 것을 알 수 있다.

**상관어휘** 牽引(견인)  牽制(견제)

**난 이 도** 한자능력검정시험 읽기 3급 쓰기 2급

---

解
풀 해

解(풀 해 ; 角 - 총 13획)

---

**자형해설** 解(해)자의 갑골문과 金文(금문)의 자형은 소 牛(우), 뿔 角(각)과 두 손으로 되어 있다. 그 의미는 "손으로 소를 해부해 소뿔을 얻는 것"이다. 小篆(소전)은 손(手)을 刀(도)자로 바꾸었다.

**상관어휘** 解剖(해부)  解任(해임)

**난 이 도** 한자능력검정시험 읽기 4급Ⅱ 쓰기 4급

馬

**말 마**

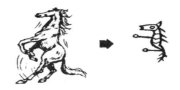

馬(말 마 ; 馬 - 총 10획)

---

[자형해설] 馬(마)자는 상형자다. 갑골문과 金文(금문)의 자형은 모두 말의 모습이다. 말의 긴 얼굴과 말갈귀가 말의 특징을 잘 보여준다.

[상관어휘] 馬車(마차)　乘馬(승마)

[난 이 도] 한자능력검정시험 읽기 5급 쓰기 4급Ⅱ

---

羊

**양 양**

羊(양 양 ; 羊 - 총 6획)

---

[자형해설] 갑골문 羊(양)자의 자형은 정면에서 본 양의 머리 모습이다. 특징은 뿔 두 개가 아래를 향해 굽어져 있다.(소의 뿔은 위를 향해 있다) 하단은 뾰족한 입이다. 나중에 제사와 연관된 示(시)자가 더해져 상서로울 祥(상)이 되었다. 『설문(說文)』에 "양은 상서로운 것(祥)이다. 양은 복(福)이다."고 했다.

[상관어휘] 羊毛(양모)　羊頭狗肉(양두구육)

[난 이 도] 한자능력검정시험 읽기 4급Ⅱ 쓰기 4급

善

착할 선

善(착할 선 ; 口 – 총 12획)

**자형해설** 善(선)자의 자형은 양 羊(양)과 눈 目(목)으로 되어 있어 눈이 매우 아름다운 것을 표시한다. 金文(금문)의 善(선)자는 羊(양)자 하반부에 말씀 言(언)자를 두 개 써서 "두 사람이 서로 선한 말로 이야기 함"을 표현했다. 善(선)자는 양요리 음식이 맛있어서 "좋다"라는 뜻이 생겼다.

**상관어휘** 善良(선량)   眞善美(진선미)

**난 이 도** 한자능력검정시험 읽기 5급 쓰기 4급 II

祥

상서로울 상

祥(상서로울 상 ; 示 – 총 11획)

**자형해설** 祥(상)자의 자형은 제단을 표시하는 보일 示(시)자에 羊(양)자를 첨가해 양을 제물로 제사하는 의미를 나타냈다. 羊(양)은 성격이 온순하여 선량하다는 뜻이 있다. 본의는 "행복", "좋다"이다.

**상관어휘** 祥瑞(상서)   吉祥(길상)

**난 이 도** 한자능력검정시험 읽기 3급 쓰기 2급

## 豕
**돼지 시**

豕(돼지 시 ; 豕 - 총 7획)

---

**자형해설** 豕(시)자의 본의는 돼지(猪 저)다. 갑골문의 자형은 한 마리 돼지 모습이다. 머리가 위를 향하고 꼬리는 아래를 향했다. 중간은 살찐 통통한 배다. 개 犬 (견)자와 비교하면 개는 꼬리가 약간 위로 굽어져 길고, 복부도 돼지보다 마르고 길다.

**상관어휘** 豕喙(시훼 : 욕심이 많아 보이는 인상)
豕交獸畜(시교수축 : 사람을 예로써 대우하지 않고 짐승과 같이 취급하는 것)

**난이도** 한자능력검정시험 읽기 특급 쓰기 특급

---

## 豚
**돼지 돈**

豚(돼지 돈 ; 豕 - 총 11획)

---

**자형해설** 豚(돈)자의 갑골문 자형은 돼지 豕(시)자와 고기 月(肉)자로 구성되었고 金 文(금문)은 다시 又(手)자를 더하여 이것이 식용으로 취하기에 가장 적합한 돼지임을 표시했다. 본의는 작은 돼지(小猪 소저)다.

**상관어휘** 豚皮(돈피)    豚肉(돈육)

**난이도** 한자능력검정시험 읽기 3급 쓰기 2급

---

## 逐
### 쫓을 축

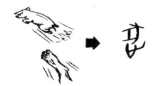

逐(쫓을 축 ; 辵 – 총 11획)

---

자형해설 逐(축)자의 갑골문 자형은 상부는 돼지(豕시), 하부는 발(止지)을 그려 사람
이 돼지를 쫓고 있는 모습이다. 金文(금문)은 止(지)자에 彳(척)자를 더해
뛰어가는 동작을 표시하는 편방인 辶(辵 착)자를 썼다. 본의는 사슴이나 돼
지 같은 들짐승을 "쫓다"이다.

상관어휘 逐出(축출)  逐客(축객)

난 이 도 한자능력검정시험 읽기 3급 쓰기 2급

---

## 亥
### 돼지 해

亥(돼지 해 ; 亠 – 총 6획)

---

자형해설 亥(해)자의 자형은 돼지(亥) 한 마리의 모습으로 상단의 짧은 횡선은 돼지
머리를 가리키고 중간은 둥근 등선으로 다리와 꼬리가 다 갖추어져 있다. 나
중에 본의가 사라지고 단지 干支(간지)로 사용되어, 돼지를 나타내는 글자
인 돼지 豕(시)자가 만들어졌다.

상관어휘 亥時(해시)  亥豕之訛(해시지와)

난 이 도 한자능력검정시험 읽기 3급 쓰기 2급

## 反意語

文語(문어) ⇔ 口語(구어)          文化(문화) ⇔ 自然(자연)

物質(물질) ⇔ 精神(정신)          敏感(민감) ⇔ 鈍感(둔감)

發達(발달) ⇔ 退步(퇴보)          潑剌(발랄) ⇔ 萎縮(위축)

普遍(보편) ⇔ 特殊(특수)          敷衍(부연) ⇔ 省略(생략)

否認(부인) ⇔ 是認(시인)          否定(부정) ⇔ 肯定(긍정)

## 故事成語

傍若無人(방약무인)                          『史記·刺客列傳』

주위에 아무도 없는 것처럼 남을 신경 쓰지 않는다. 즉, 언행이 방자하고 멋대로 행동하는 것 또는 그러한 사람을 말함.

方長不折(방장부절)                          『孔子家語·弟子行』

한창 자라는 나무는 꺾지 않는다. 앞길이 창창한 사람을 박해하지 말라, 혹은 잘 되어가는 일을 방해하지 말라는 의미.

背水之陣(배수지진)                          『史記 淮陰侯傳』

강물을 뒤에 두어 후퇴를 포기하고 공격하는 의도로 펼치는 진법. 필승을 위하여 목숨을 걸고 펼친 진이나 그런 싸움 자세를 말한다.

背恩忘德(배은망덕)　　　　　　　　　　　　　　　　　　『舊唐書·喬琳傳』

남한테 입은 은혜를 도리어 배반함.


刻骨難忘(각골난망)　　　　　　　　　　　　　　　　　　　　　　　『春秋左傳』

은혜가 뼈에 새길 만큼 커서 잊혀 지지 않음.


百年河淸(백년하청)　　　　　　　　　　　　　　　　　　　　　　　『春秋左傳』

백년동안 황하(黃河)의 물이 맑아지기를 기다림. 아무리 세월이 가도 일을 해결할 희
망이 없음을 말한다.


名言 / 格言


奢者, 富而不足, 何如儉者貧而有餘?　　　　　　　　　　　　『菜根譚』

사치한 사람은 아무리 부유해도 모자라니, 어찌 검소한 사람의 가난하면서도 여유 있
음과 같겠는가?

　　奢 : 사치할 사　　　　　　　　何如 : 어찌 ~와 같을 수 있는가? 반어법
　　儉 : 검소할 검　　　　　　　　餘 : 남을 여


吾日三省吾身, 爲人謀而不忠乎? 與朋友交而不信乎? 傳不習乎?
　　　　　　　　　　　　　　　　　　　　　　　　　　　　　　『論語』

나는 매일 나 자신을 세 번씩 반성한다. 남을 위해서 일을 하는데 정성을 다하였는가?
벗들과 함께 서로 사귀는데 신의를 다하였는가? 전수 받은 가르침을 반복하여 익혔는가?

　　吾 : 나 오, 1인칭　　　　　　省 : 살필 성, 반성하다.
　　爲 : ~를 위해　　　　　　　　謀 : 꾀할 모, 도모하다
　　與 : ~와 , 함께　　　　　　　傳 : 전할 전
　　乎 : 어조사 호 , ~인가? 의문문

子曰知者樂水, 仁者樂山, 知者動, 仁者靜, 知者樂, 仁者壽. 『論語』

공자께서 말씀하셨다. "지혜로운 자는 물을 좋아하고 어진 자는 산을 좋아하니,

지혜로운 자는 동적이고 어진 자는 정적이며 지혜로운 자는 낙천적이고 인자는 장수

한다."

| | |
|---|---|
| 知(지)자는 智 지혜 "지"자와 같다. | 樂水 : 요수, 물을 좋아함, 樂 : 좋아할 요 |
| 動 : 움직일 동 | 靜 : 고요할 정, 즉 평화롭다 |
| 樂 : 즐길 락 | 壽 : 목숨 수, 즉 장수한다. |

| 刻 | 骨 | 難 | 忘 | 百 | 年 | 河 | 淸 |
|---|---|---|---|---|---|---|---|
| 새길 **각** | 뼈 **골** | 어려울 **난** | 잊을 **망** | 일백 **백** | 해 **해** | 강이름 **하** | 맑을 **청** |

| 뼈에 새길 만큼 잊기 어려움. 죽어도 잊지 못할 큰 은혜를 입음을 뜻한다. | | | | 백년동안 황하의 물이 맑아지기를 기다림. 아무리 세월이 가도 해결될 희망이 없음을 말함. | | | |
|---|---|---|---|---|---|---|---|
| 刻 | 骨 | 難 | 忘 | 百 | 年 | 河 | 淸 |
| 刻 | 骨 | 難 | 忘 | 百 | 年 | 河 | 淸 |
| | | | | | | | |
| | | | | | | | |
| | | | | | | | |
| | | | | | | | |
| | | | | | | | |
| | | | | | | | |
| | | | | | | | |

# 第十五課

# 鳥

 **生活漢字**

| 藝術用語 |
| --- |
| 室內樂　交響曲　演奏　獨奏　重奏　合奏　前奏曲　聲樂　器樂　管絃樂 |
| 絃樂器　打樂器　管樂器　水墨畫　水彩畫　油畫　肖像畫　靜物畫 |
| 山水畫　人物畫　拓本　畫家　十長生 |

　본과에서는 새와 관련된 한자를 공부해 봅시다. 이런 부수로는 鳥(조), 隹(추), 羽(우) 등의 부수가 있다.

# 鳥
**새 조**

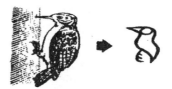

鳥(새 조 ; 鳥 - 총 11획)

---

**자형해설** 鳥(조)자는 상형자로 새의 모습이다. 갑골문과 金文(금문)의 자형은 모두 새 한 마리의 모습으로 뾰족한 입과 가는 발가락을 강조했다. 鳥(조) 가 들어 간 글자들은 대부분 날짐승과 관계가 있다.

**상관어휘** 鳥類(조류)　鳥瞰圖(조감도)

**난 이 도** 한자능력검정시험 읽기 4급Ⅱ 쓰기 4급

---

# 鳴
**울 명**

鳴(울 명 ; 鳥 - 총 14획)

---

**자형해설** 鳴(명)자는 입 口(구)자와 새 鳥(조)자로 구성되었다. 본의는 "새가 우는 것" 이지만 기타 동물이 우는 것을 가리키기도 한다. 馬鳴(마명), 鹿鳴(녹명) 등 이 있다. 혹은 "물체가 소리를 내는 것"을 말하기도 한다. 즉 鳴玉(명옥 ; 옥 이 울다), 鳴鈴(명령 ; 방울이 소리를 내다) 등이 있다.

**상관어휘** 自鳴鼓(자명고)　鳴珂里(명가리)

**난 이 도** 한자능력검정시험 읽기 4급 쓰기 3급

---

**물오리 부**

凫(물오리 부 ; 几 - 총 6획)

凫(부)자의 본의는 "물오리"다. 갑골문의 자형은 의미를 표시하는 새 鳥(조)자와 발음을 표시하는 쌀 勹(포)자로 구성되었고 새의 발에 물갈퀴가 있는 모습이다.

凫趨雀躍(부추작약; 기뻐서 날뛰다.)

한자능력검정시험 읽기 특급 쓰기 특급

---

**까마귀 오**

烏(까마귀 오 ; 火 - 총 10획)

烏(오)자 본의는 "까마귀"이다. 烏(오)와 鳥(조)의 자형의 차이는 烏(오)자에만 새의 눈이 없다. 이것은 까마귀가 온통 검정색이어서 눈이 보이지 않기 때문이다. 여기서 의미가 발전하여 烏(오)자는 "검정색"을 나타낸다.

烏合之卒(오합지졸)   烏石(오석)

한자능력검정시험 읽기 3급 II 쓰기 3급

**새 추**

隹(새 추 ; 隹 - 총 8획)

**자형해설** 隹(추)자는 상형자로 꼬리가 짧은 새의 총칭이다. 갑골문과 金文(금문)은 머리·몸·날개·다리를 다 갖추어진 새의 모습이다. 항상 隹(추)자를 문장 머리에 놓아 唯(유)자로 썼다. 隹(추)자는 산모양 崔(최)로도 읽는다. 이때 는 높다는 뜻이다. 후에 새와 혼동되어 메 山(산)자를 더해 崔(최)자를 만들 었다.

**상관어휘** 逐出(축출)  逐客

**난 이 도** 한자능력검정시험 읽기 특급 쓰기 특급

---

**모일 집**

集(모일 집 ; 隹 - 총 12획)

**자형해설** 集(집)자의 자형은 "새(隹)가 나무 위에 앉아 휴식을 취하는 것"이다. 이것이 바로 "集(집)"자의 본의이다. 나중에 여기서 의미가 발전하여 집합(集合)의 뜻이 생겼다.

**상관어휘** 集合(집합)  全集(전집)

**난 이 도** 한자능력검정시험 읽기 6급Ⅱ 쓰기 6급

## 雀
참새 **작**

雀(참새 작 ; 隹 - 총 11획)

**자형해설** 雀(작)자의 본의는 참새(麻雀)다. 자형은 작을 小(소)와 새 隹(추)로 구성되었다. 갑골문의 자형은 머리 위에 깃털이 있는 새의 모양으로 참새를 가리킨다.

**상관어휘** 雀舌茶(작설차)  孔雀(공작)

**난 이 도** 한자능력검정시험 읽기 1급 쓰기 특급

---

## 羽
깃 **우**

羽(깃 우 ; 羽 - 총 6획)

**자형해설** 갑골문 羽(우)자의 자형은 두 개의 깃털 모습이다. 본의는 "조류 날개에 있는 긴 깃털"이다. 여기서 의미가 변하여 "새의 날개"가 되었고 다시 변하여 "조류"가 되었다. 날짐승의 털을 羽(우)라 하고, 길짐승의 털을 毛(모)라고 했다.

**상관어휘** 羽化登仙(우화등선)  羽翼(우익)

**난 이 도** 한자능력검정시험 읽기 3급Ⅱ 쓰기 2급

翟
꿩 적

翟(꿩 적 ; 羽 - 총 14획)

자형해설 翟(자)의 자형은 깃 羽(우)자와 새 隹(추)자로 구성되었고 이런 종류의 새의
깃털이 매우 아름답고 뛰어난 것을 표시한다. 본의는 "꿩"이다. 꿩 雉(치)라
고도 한다. 빛나고 아름답다는 의미에서 해 日(일)자와 翟(적)자가 합쳐지
면 빛날 曜(요)자가 된다. 예: 月曜日(월요일)

상관어휘 翟車(적거)   翟羽(적우)

난 이 도 한자능력검정시험 읽기 특급 쓰기 특급

習
익힐 습

習(익힐 습 ; 羽 - 총 11획)

자형해설 갑골문과 전국시대 楚簡(초간)의 習(습)자의 상부는 모두 깃 羽(우)자로 새
의 날개를 표시했다. 하반부는 해 日(일)자로 새가 낮에 날고 있는 것을 표시
한다. 小篆(소전) 이후 "日"자가 잘못 변하여 "白"자가 되었고 새의 둥지를
의미하기도 했다. 『說文』에 "습은 여러 번 날다.(習, 數飛也)"라고 했다.

상관어휘 練習(연습)   習性(습성)

난 이 도 한자능력검정시험 읽기 6급Ⅱ 쓰기 6급

非
아닐 **비**

非(아닐 비 ; 非 - 총 8획)

---

**자형해설** 非(비)자는 마치 새가 하늘에서 두 날개를 활짝 펴고 높이 날아가는 모습 같
다. 새의 두 날개를 강조한 것으로 날 飛(비)자의 최초 자형이다. 새가 비상
하면 반드시 두 날개는 서로 등지게 된다. 그래서 非(비)의 본의는 위배하다
이고 여기서 나중에 부정을 표시하는 非(비)자로 가차되었다. 『說文』에서
"非는 "違(어길 위)"라고 했다.

**상관어휘** 非常口(비상구)  是非(시비)

**난 이 도** 한자능력검정시험 읽기 4급Ⅱ 쓰기 4급

---

禽
날짐승 **금**

禽(날짐승 금 ; 内 - 총 13획)

---

**자형해설** 禽(금)자는 사로잡을 擒(금)자의 본래 자이다. 갑골문의 자형은 조류를 잡
는 긴 자루에 망이 달린 잠자리채 같은 모습이다. 金文(금문)은 발음을 표시
하는 今(금)자를 첨가했다. 나중에 禽(금)자는 조류의 총칭이 되었다.

**상관어휘** 禽獸(금수)  猛禽(맹금)

**난 이 도** 한자능력검정시험 읽기 3급Ⅱ 쓰기 3급

---

卓
높을 **탁**

卓(높을 탁 ; 十 - 총 8획)

---

**자형해설** 卓(탁)자는 보쌈 罩(조)자의 본래 글자다. 갑골문 卓(탁)자의 하반부는 긴
손잡이가 달린 그물(网망)이고 상반부는 새(鳥)의 생략형이다. 본의는 "그
물로 새를 덮다"이다. 새는 높이 날므로 이 글자 역시 "높다"는 의미가 있다.

**상관어휘** 食卓(식탁)  卓越(탁월)

**난이도** 한자능력검정시험 읽기 5급 쓰기 4급 II

---

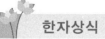
**反意語**

悲運(비운) ⇔ 幸運(행운)　　　奢侈(사치) ⇔ 儉素(검소)

社會(사회) ⇔ 個人(개인)　　　散文(산문) ⇔ 韻文(운문)

常例(상례) ⇔ 特例(특례)　　　生花(생화) ⇔ 造花(조화)

抒情(서정) ⇔ 敍事(서사)　　　所得(소득) ⇔ 損失(손실)

衰態(쇠태) ⇔ 隆興(융흥)　　　愼重(신중) ⇔ 輕率(경솔)


**故事成語**

百年偕老(백년해로)　　　　　　　　　　　　　元 武漢臣「生金閣」

백년 동안 함께 늙음. 부부가 화목하게 함께 늙는 것을 말한다.


白眉(백미)　　　　　　　　　　　　　　　『三國志 · 蜀志 · 馬良傳』

형제 중에서 가장 뛰어난 사람. 여럿 중에 홀로 우뚝 뛰어난 사람이나 사물. 촉한(蜀
漢) 때 흰 눈썹을 가진 마량(馬良)이 형제 중에 가장 뛰어나서 그를 일컬어 부르던 말
에서 비롯되었다.


白眼視(백안시)　　　　　　　　　　　　　　　　『晉書 · 阮籍傳』

눈의 흰 부분으로 본다. 즉, 사람을 싫어하여 흘겨보는 것 또는 냉대하는 눈길로 바라
보는 것을 말한다.

百尺竿頭(백척간두)　　　　　　　　　　　　　　　　　　　　『景德傳燈錄』

백 척 길이의 대가지 위에 서 있는 상태. 매우 위태롭고 어려운 지경을 뜻한다.


釜中之魚(부중지어)　　　　　　　　　　　　　　　　　　『元史·王榮祖傳』

장차 삶아질지도 모르고 솥 안에서 헤엄치고 있는 물고기.
위험이 발생 할 것을 모르는 안일한 태도를 말한다.


夫唱婦隨(부창부수)　　　　　　　　　　　　　　　　曹雪芹『紅樓夢』

남편이 창을 하면 아내도 따라 하는 것이 부부 화합의 도리라는 뜻. 그 남편에 그 부인
이라는 의미로도 쓰인다.


## 名言 / 格言


寧爲小人所忌毀, 毋爲小人所媚悅.　　　　　　　　　　　　　　『茱根譚』

차라리 소인들에게 꺼리고 비방당하는 사람이 될지언정, 소인들이 아첨하며 따르는
사람이 되지는 말라.

　　寧: 편안할 영, 문두에 사용하면 "차라리" 혹은 ~일지언정"이란 의미.
　　爲A所B : 피동용법 A에게 B를 당하다
　　忌毀 : 꺼리길 기, 비방 훼 ; 꺼리김과 비방을 당하다.
　　毋 : 말 무 ; ~하지 말라. 금지를 나타내는 명령문
　　媚 : 아첨할 미
　　悅 : 기쁠 열 ; 따르다


無友不如己者, 過則勿憚改.　　　　　　　　　　　　　　　　『論語』

나보다 못한 사람과 벗하지 말며, 잘못을 깨달았을 때 고치기를 꺼리지 말라.

　　無 : ~하지 말라 毋(무)와 같다.
　　友 : 벗 우 , 여기서는 동사로 벗하다. 친구삼다.
　　A不如B : A는 B만 못하다.

過 : 과오 잘못

則 : 접속사, 곧

勿 : 말 물, 금지를 나타내는 명령문

憚 : 꺼릴 탄, 싫어 함

改 : 고칠 개


不尙賢, 使民不爭, 不貴難得之貨, 使民不爲盜, 不見可欲, 使民心不
亂.                                                          『老子, 三章』

특정한 종교를 가진 훌륭한 사람을 숭상하지 않으면 백성들이 다투지 않게 된다. 희귀
한 재화를 귀하게 여기지 않으면 백성들이 도둑질을 하지 않게 된다. (임금이) 자신이
갖고 싶은 물건을 보여주지 않으면 백성들의 마음이 불안하지 않게 된다.

尙 : 오히려 상 ; 숭상하다.

賢 : 어질 현 ; 어진 사람 ; 훌륭한 사람, 현명한 사람.

使 : 사역동사 ~로 하여금 ~하게 하다.

貴 : 귀할 귀 여기서는 '귀하게 여기다'의 의미.

難得 : 구하기 어려움, 얻기 어려움.

貨 : 재화 화 ; 재화, 물건.

盜 : 도둑 도 ; 도둑질, 훔치다.

見 : 나타나다, 드러나다, 들어내 보이다. 여기서는 '현'으로 읽는다.

可欲 : 탐나는 물건, 욕심을 낼만한 재물.

| 百 | 尺 | 竿 | 頭 | 釜 | 中 | 之 | 魚 |
|---|---|---|---|---|---|---|---|
| 이락 **백** | 자 **척** | 장대 **간** | 머리 **두** | 솥 **부** | 가운데 **중** | 갈 **지** | 고기 **어** |

| 백 척 길이의 대가지 위에 서 있는 상태. 위태롭고 어려운 지경에 이름을 뜻한다. | 장차 삶아질지도 모르고 솥 안에서 헤엄치고 있는 물고기. |
|---|---|

| 百 | 尺 | 竿 | 頭 | 釜 | 中 | 之 | 魚 |
|---|---|---|---|---|---|---|---|
| 百 | 尺 | 竿 | 頭 | 釜 | 中 | 之 | 魚 |
| | | | | | | | |
| | | | | | | | |
| | | | | | | | |
| | | | | | | | |
| | | | | | | | |
| | | | | | | | |
| | | | | | | | |

# 虫과 魚

 **生活漢字**

---

**生鮮과 野菜**

生鮮  鯉魚  廣魚  北魚  鮒魚  鯊魚  鰻魚  鱒魚  烏賊魚  熱目魚
熱帶魚  鼈魚  鮴魚  野菜  菜蔬  沙果  葡萄  甘蔗  蓮根  芹菜
人蔘  葛根

---

본과에서는 벌레와 생선에 관련된 한자를 공부해 봅시다. 이런 부수로는 虫(충), 魚(어), 貝(패) 등의 부수가 있다

虫 (벌레 충 ; 虫 - 총 18획)

**벌레 충**

---

[자형해설] 虫(충)자의 자형은 벌레 한 마리의 모습으로 윗부분은 뾰족한 머리를 아랫
부분은 완만한 곡선의 몸체를 표현한다. 나중에 일반적인 벌레를 모두 지칭
하게 되었다. 虫(충)자와 蟲(충)자는 같다.

[상관어휘] 蟬蟲(선충)　害蟲(해충)

[난이도] 한자능력검정시험 읽기 4급Ⅱ 쓰기 4급

---

虹(무지개 홍 ; 虫 - 총 9획)

**무지개 홍**

---

[자형해설] 갑골문의 虹(홍)자는 무지개 모습이다. 고대인들은 자연현상인 무지개가
용이나 뱀과 같은 종류의 살아있는 사물이라고 생각하여 무지개의 양 끝에 각
각 뱀의 머리를 그렸다. 이 뱀들이 양쪽의 습기를 흡입하는 것으로 생각했다.
石鼓文(석고문) 이후 이 글자는 왼쪽 편방을 虫(충)자로, 오른쪽은 발음을
표시하는 工(공)자를 사용하여 형성자가 되었다.

[상관어휘] 虹彩(홍채)　虹橋(홍교)

[난이도] 한자능력검정시험 읽기 1급 쓰기 특급

---

# 蚤

**벼룩 조**

蚤(벼룩 조 ; 虫 – 총 10획)

---

[자형해설] 蚤(조) 자의 자형은 손(又 우)으로 벌레를 잡는 모습이다. 상고시대에 사람들이 가장 많이 접촉한 곤충은 아마도 벼룩이었을 것이다. 그래서 한 손과 크게 확대한 虫(충)자로 벼룩을 표현했다.

[상관어휘] 蚤蝨(조슬)  蚤知之士(조지지사; 선경지명이 있는 사람)

[난 이 도] 한자능력검정시험 읽기 특급 쓰기 특급

---

# 蜀

**나라이름 촉**

蜀(나라이름 촉 ; 虫 – 총 13획)

---

[자형해설] 蜀(촉) 자의 자형은 누에 유충의 큰 눈(目목)과 구부러진 몸(勹 포)을 강조했다. 金文(금문)에서 벌레 虫(충)자를 더해 나비 애벌레 蠋(촉) 자를 만들었다. 후에 蜀(촉)자는 주로 고유명사로 사용했다. 蜀(촉)자의 본의는 "나방 유충"이다.

[상관어휘] 蜀山(촉산)  蜀相(촉상 : 제갈량)

[난 이 도] 한자능력검정시험 읽기 2급 쓰기 1급

---

# 側

**겯 측**

側(겯 측 ; 人 - 총 11획)

---

**자형해설** 側(측)자의 자형은 小篆(소전) 이후의 자체에서만 보면 사람 人(인)을 따랐고 칙(則)자가 발음이다. 그런데 小篆(소전) 이전의 金文(금문)을 보면 글자 중간에 큰 솥 鼎(정)이 있고 양 옆에 두 사람(人)이 서 있다. 바로 "솥 옆에서 예를 행한다."는 의미이다. 나중에 솥 鼎(정)이 변해 貝(패)자가 되었고 오른쪽의 사람(人)이 刀(도)자로 바뀌었다.

**상관어휘** 側近(측근)　側室(측실)

**난 이 도** 한자능력검정시험 읽기 3급Ⅱ 쓰기 3급

---

# 貴

**귀할 귀**

貴(귀할 귀 ; 貝 - 총 12획)

---

**자형해설** 갑골문 貴(귀) 자의 자형은 "두 손(廾공)으로 고향의 흙(土)을 받드는 모습"이다. 고국에 대한 존경을 표시했다. 나중에 小篆(소전)에서 조개 貝(패)자를 첨가했다. 조개는 고대의 화폐로 재물의 상징이었다.

**상관어휘** 貴賓(귀빈)　富貴(부귀)

**난 이 도** 한자능력검정시험 읽기 4급 쓰기 4급Ⅱ

□ □ □

# 買
**살 매**

買(살 매 ; 貝 - 총 12획)

---

[자형해설] 買(매) 자의 자형은 상부는 그물 网(망)자이고 하부는 조개 貝(패)자다. 그
물에 조개를 담아 시장에 가서 물건을 사는 것이다. 조개 貝(패)는 고대의 화
폐로 이것을 이용해 장사를 하고 이익을 취했다. 고대에는 물건을 채집해 들
이는 것을 買(매)라고 했다.

[상관어휘] 買賣(매매)  購買(구매)

[난이도] 한자능력검정시험 읽기 5급 쓰기 4급 II

---

□ □ □

# 朋
**벗 붕**

朋(벗 붕 ; 月 - 총 8획)

---

[자형해설] 朋(붕)자는 원래 화폐 단위의 명칭이다. 자형은 나란하게 걸려있는 두 줄의
조개 모습이다. 고대는 조개(貝 패)가 화폐였다. 조개 5개가 한 묶음이었고
조개 두 묶음을 朋(붕)이라고 했다. 나중에 의미가 변하여 朋黨(붕당)의 뜻
이 생겼다.

[상관어휘] 朋友(붕우)  朋黨(붕당)

[난이도] 한자능력검정시험 읽기 3급 쓰기 2급

---

## 得
얻을 득

得(얻을 득 ; 彳 - 총 11획)

---

**자형해설** 得(득)자의 자형은 한 손으로 조개(貝 패)를 들고 있는 모습이다. 후에 사거리(行 행) 자의 좌변을 추가하여 길거리에서 무언가 귀중한 것을 줍는 것을 그렸다. 조개는 고대 화폐의 일종으로 진귀한 것을 표시한다. 그러므로 "취득하다" "획득하다"라는 의미이다.

**상관어휘** 取得(취득) 得女(득녀)

**난 이 도** 한자능력검정시험 읽기 4급Ⅱ 쓰기 4급

---

## 貯
쌓을 저

貯(쌓을 저 ; 貝 - 총 12획)

---

**자형해설** 貯(저)자의 자형은 물건을 저장하는 나무 상자에 조개(貝)가 쌓여 있는 모습이다. 귀중한 보물을 나무 상자에 넣어 보관하다는 뜻이다.

**상관어휘** 貯蓄(저축) 貯藏(저장)

**난 이 도** 한자능력검정시험 읽기 5급 쓰기 4급Ⅱ

---

**賊**

도둑 **적**

賊(도둑 적 ; 貝 – 총 13획)

**자형해설** 賊(적)자는 형성자가 아니라 회의자로 人(인), 戈(과), 貝(패) 세 글자로 구성되었고 사람이 병기를 들고 쌓아놓은 재물을 파괴하고 훔치는 모습이다. 본의는 "파괴하다"이다. 나중에 의미가 변해 상해, 살해 등이 되었다.

**상관어휘** 盜賊(도적)  賊反荷杖(적반하장)

**난이도** 한자능력검정시험 읽기 5급 쓰기 4급Ⅱ

---

**實**

열매 **실**

實(열매 실 ; 宀 – 총 14획)

**자형해설** 實(실) 자의 자형은 宀(면), 田(전), 貝(패)로 구성되었다. 면(宀)자는 집을, 전(田)자는 토지를, 패(貝)자는 재물을 의미한다. 이 세가지가 합쳐져 "부유함"을 표현했다. 小篆(소전) 이후 전(田)자와 패(貝)자가 貫(관)자로 변했다.

**상관어휘** 實事求是(실사구시)  實利(실리)

**난이도** 한자능력검정시험 읽기 5급Ⅱ 쓰기 5급

---

魚

고기 **어**

魚(고기 어 ; 魚 - 총 11획)

---

**자형해설** 魚(어) 자는 상형자다. 고기(魚 어)자의 자형은 머리와 몸, 비늘과 지느러미가 모두 갖추어진 모습이다. 나중에 점차 변해 그 형상을 알 수 없게 되었고 어(魚)자의 꼬리 부분 "灬"은 결국 불 火(화)와 혼동되기 시작했다.

**상관어휘** 北魚(북어)  魚市場(어시장)

**난 이 도** 한자능력검정시험 읽기 5급 쓰기 4급Ⅱ

---

稱

일컬을 **칭**

稱(일컬을 칭 ; 禾 - 총 14획)

---

**자형해설** 稱(칭) 자의 자형은 한손(爫)으로 물고기 한 마리(冉)를 들어 올려 그 무게를 달아보는 모습이다. 그래서 稱(칭)자는 저울이란 의미가 있다. 자형은 원래 둘을 한 번에 들 爯(칭)자였다. 본의는 "무게를 달다"이다. 벼 禾(화)자는 소전에서 첨가되었고 물고기를 벼로 꿰어 무게를 다는 모습이다.

**상관어휘** 呼稱(호칭)  稱讚(칭찬)

**난 이 도** 한자능력검정시험 읽기 4급 쓰기 3급Ⅱ

鮮

고울 선

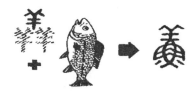

鮮(고울 선 ; 魚 - 총 17획)

**자형해설** 鮮(선)자는 『說文(설문)』에서는 "생선 이름"이라고 했다. 비록 죽었으나 부패하지 않아 먹을 수 있는 물고기를 말한다. 나중에 활어를 지칭하게 되었다. 여기서 의미가 발전하여 신선함, 선명함을 나타냈다. 羊(양)자는 상서로울 祥(상)자의 생략형으로 평안함을 뜻한다.

**상관어휘** 新鮮(신선)　朝鮮(조선)

**난이도** 한자능력검정시험 읽기 5급 II 쓰기 5급

## 反意語

| | | | |
|---|---|---|---|
| 失意(실의) ⇔ 得意(득의) | | 實質(실질) ⇔ 形式(형식) | |
| 安全(안전) ⇔ 危險(위험) | | 曖昧(애매) ⇔ 明瞭(명료) | |
| 逆境(역경) ⇔ 順境(순경) | | 永劫(영겁) ⇔ 刹那(찰나) | |
| 榮轉(영전) ⇔ 左遷(좌천) | | 銳敏(예민) ⇔ 愚鈍(우둔) | |
| 誤報(오보) ⇔ 眞相(진상) | | 偶然(우연) ⇔ 必然(필연) | |

## 故事成語

附和雷同(부화뇌동)　　　　　　　　　　　　　　　『禮記·曲禮』

뇌동(雷同)은 우레가 울리면 만물이 이에 응하여 울리는 것을 말한다. 그처럼 다른 사람이 말하는 것을 듣고, 시비를 따지지 않고 경솔하게 따라하는 것을 말한다.

不問曲直(불문곡직)　　　　　　　　　　　　　　『史記·李斯傳』

옳고(直) 그름(曲)을 가리지 않고 함부로 일을 처리함.

不入虎穴不得虎子(불입호혈부득호자)　　　　　　　『後漢書·班超傳』

호랑이 굴에 들어가지 않으면 호랑이 새끼를 얻을 수 없다. 큰 모험이 없이는 이득도 없다는 의미.

氷姿玉質(빙자옥질)　　　　　　　　　　　　　　『莊子·逍遙遊』

얼음같이 투명한 살결과 옥과 같이 뛰어난 자질. 용모와 재주가 모두 뛰어남을 비유하는 말.

氷炭不相容(빙탄불상용)　　　　　　　　　　　　　　『楚辭·七諫』

얼음과 숯은 서로 용납하지 못한다. 군자와 소인이 같이 한 곳에 있지 못함을 상징함.
서로 반대되는 것들끼리는 근본적으로 어울릴 수 없음을 뜻함.


四面楚歌(사면초가)　　　　　　　　　　　　　　『史記·項羽本紀』

사방에서 초(楚)나라의 노래가 들린다. 사방이 다 적에게 싸여 더 이상누구에게도 도
움을 받을 수 없는 상황을 말한다.


## 名言 / 格言


不患人之不己知, 患不知人也.　　　　　　　　　　『論語·學而』

남이 나를 알아주지 않음을 걱정하지 말고 내가 남을 알지 못함을 탓하라.

| | |
|---|---|
| 患 : 근심 환 ; 걱정하다 | 人(인) : 타인 3인칭 |
| 己(기) : 자신 1인칭 | 也 :어조사 야 ; 문미에 사용함. |


道之以政, 齊之以刑, 民免而無恥.　　　　　　　　『論語·爲政』

법률 제도로써 백성을 지도하고 형벌로써 질서를 유지시키면,
백성들은 법망을 빠져나가서 형벌을 피함을 수치로 여기지 않는다.

| | |
|---|---|
| 政 : 정사 정 ; 법규 정, 법과 도리 | 齊 : 가지런할 제 ; 유지하다 |
| 刑 : 형벌 형 | 免 : 면할 면 : 피하다 모면하다 |
| 恥 : 부끄러워할 치 | |


未知道者如醉人。方其醉時, 無所不至, 及其醒也, 莫不愧恥。人之未
知學者, 自視以爲無缺, 及旣知學, 反思前日所爲, 則駭且懼矣。
　　　　　　　　　　　　　　　　　　　　『近思錄, 警戒篇』

도를 모르는 사람은 마치 술에 취한 사람과도 같다. 장차 술에 취했을 때는 무슨 짓이
든지 거리낌 없이 하다가 술이 깨면 부끄러워하지 않는 사람이 없다. 학문을 모르는

사람은 스스로 자기가 무결하다고 생각하지만 학문을 배우고 나서 이전의 행동을 돌이켜 생각하면 놀라고 두려워할 것이다.

醉 : 취할 취, 취하게 하다.　　　　　　方 : 바야흐로 방, 장차.

無所不至(무소부지) : 술에 취해 어떤 행동이든 거리낌 없이 함

及 : 미칠 급 , ~때가 이르다　　　　　醒 : (술이)깰 성, (잠이)깨다.

愧恥 : 부끄러워하다. 愧 부끄러워할 괴 취, 恥 : 부끄러워할 치

莫 : 없을 막 莫不 ~하지 않음이 없다.　　缺 : 이지러질 결 : 모자라다, 결점.

反思 : 반성하다　　　　　　　　　　　駭 : 놀랄 해 ; 놀라다.

且 : 또 차, 또한.　　　　　　　　　　懼 : 두려워할 구

| 氷 | 姿 | 玉 | 質 | 四 | 面 | 楚 | 歌 |
|---|---|---|---|---|---|---|---|
| 얼음 **빙** | 맵시 **자** | 옥 **옥** | 바탕 **질** | 넉 **사** | 낯 **면** | 초나라 **초** | 노래 **가** |

| 얼음같이 투명한 살결과 옥과 같이 뛰어난 자질. 용모와 재주가 모두 뛰어남을 비유하는 말이다 | | | | 사방이 적에 싸여 있어 도움을 받을 수 없음. | | | |
|---|---|---|---|---|---|---|---|
| 氷 | 姿 | 玉 | 質 | 四 | 面 | 楚 | 歌 |
| 氷 | 姿 | 玉 | 質 | 四 | 面 | 楚 | 歌 |
|  |  |  |  |  |  |  |  |
|  |  |  |  |  |  |  |  |
|  |  |  |  |  |  |  |  |
|  |  |  |  |  |  |  |  |
|  |  |  |  |  |  |  |  |
|  |  |  |  |  |  |  |  |
|  |  |  |  |  |  |  |  |

**잘 못 읽기 쉬운 한자성어**

야반도주(夜半逃走)(o)　　　　야밤도주×

토사곽란(吐瀉癨亂)(o)　　　　토사광란×

동고동락(同苦同樂)(o)　　　　동거동락×

부화뇌동(附和雷同)(o)　　　　부화내동×

양수겸장(兩手兼將)(o)　　　　양수겹장×

삼수갑산(三水甲山)(o)　　　　산수갑산×

일사불란(一絲不亂)(o)　　　　일사분란×

절체절명(絶體絶命)(o)　　　　절대절명×

혈혈단신(孑孑單身)(o)　　　　홀홀단신×

풍비박산(風飛雹散)(o)　　　　풍지박산×

주야장천(晝夜長川)(o)　　　　주야장창×

휘황찬란(輝煌燦爛)(o)　　　　휘양찬란×

중구난방(衆口難防)(o)　　　　중구남방×

## 第十七課

# 植物

 **生活漢字**

---

### 空中交通 用語

飛行機　滑走路　空港　離陸　着陸　航空機　戰鬪機　回航　缺航
延着　操縱士　乘務員　搭乘客　搭乘券　航空券　管制塔　滑降　亂氣流
非常口　一等席　商務席　經濟席　往復　片道

---

　본과에서는 나무와 같은 식물에 관련된 한자를 공부한다. 이런 의미의 부수는 ⧺(초),
卉(훼), 木(목), 竹(죽), 禾(화), 黍(서), 麥(맥), 麻(마), 등이 있다.

**草**

풀 초

草(풀 초 ; 艸 - 총 10획)

---

자형해설 갑골문의 草(초)자 자형은 풀(艸)을 형상화한 모습이다. 나중에 점차 변하여 줄기와 잎이 달린 풀 두포기가 나란히 있는 모습(艸)이 되었다. 小篆(소전)에 다시 무(조)자를 첨가해 발음을 표시했다.

상관어휘 草芥(초개)  三顧草廬(삼고초려)

난이도 한자능력검정시험 읽기 7급

---

**華**

꽃 화

華(꽃 화 ; 艸 - 총 12획)

---

자형해설 華(화)자는 꽃 花(화)자의 본래 자다. 갑골문의 華(화)자는 나무에 꽃이 무성하게 핀 모습이다. 金文(금문)의 자형은 한 떨기 꽃의 모습이다. 小篆(소전) 이후 위에 풀 ++(초)자를 첨가했다. 나중에 광채, 번영 등의 의미를 갖게 되었다.

상관어휘 華麗(화려)  開花(개화)

난이도 한자능력검정시험 읽기 4급 쓰기 3급 II

---

荆

모형나무 **형**

荆(모형나무 형 ; 艸 – 총 10획)

---

자형해설 荆(형)자의 자형은 보통 나뭇가지의 모습이다. 나뭇가지 위에 ×자 표기를
한 것은 지사부호로 사용 가능한 부분을 표시한다. 이 부분을 사용해서 광주
리를 만들었다. 나중에 이 나뭇가지가 잘못 변해 칼 刀(도)자가 되었고 거기
에 발음을 표기하는 井(정)자와 의미를 더하는 ++(초)자가 첨가되었다. 관
목의 가시나무라고도 한다.

상관어휘 荆軻(형가)　荆芥(형개)

난 이 도 한자능력검정시험 읽기 1급 쓰기 특급

---

苗

모 묘

苗(모 묘 ; 艸 – 총 9획)

---

자형해설 苗(묘)자의 자형은 풀 ++(초)자와 밭 田(전)자로 구성되었고 곡식의 어린 싹
이 마침 밭에서 땅을 뚫고 나오는 모습이다. 본의는 처음 나온 새싹이다. 이
의미가 나중에 발전하여 처음 태어난 동물을 가리키기도 한다.

상관어휘 苗木(묘목)　苗族(묘족)

난 이 도 한자능력검정시험 읽기 3급 쓰기 2급

---

卉

풀 훼

卉(풀 훼 ; 十 - 총 5획)

**자형해설**  卉(훼)자는 회의자로 『說文(설문)』에서 "풀의 총칭"이라고 했다. 자형은 풀 세 포기로 풀이 많은 것을 표시한다. 이런 유형의 글자로는 品(품), 森(삼) 등 이 있다. 나중에는 나무나 꽃을 가리키기도 했다.

**상관어휘**  花卉(화훼)   卉服(훼복 : 오랑캐의 옷)

**난 이 도**  한자능력검정시험 읽기 1급 쓰기 특급

木(나무 목 ; 木 - 총 4획)

**자형해설**  木(목)자는 나무의 모습을 본뜬 상형자로 위를 향한 사선은 나뭇가지이고 아래를 향한 사선은 나무뿌리의 모습이다. 목본식물의 통칭이다. 여기서 의 미가 변하여 木材(목재)등의 단어가 생겼다.

木

나무 **목**

**상관어휘**  樹木(수목)   木手(목수)

**난 이 도**  한자능력검정시험 8급

## 析
가를 석

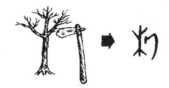

析(가를 석 ; 木 - 총 8획)

---

**자형해설** 析(석)자의 본의는 "쪼개다"이다. 자형은 나무 木(목)과 도끼 斤(근) 두 부분
으로 구성되었다. 나무 옆에 도끼가 놓여 있어 도끼로 나무를 쪼개는 모습이
다. 후에 분석이란 의미가 되었다.

**상관어휘** 分析(분석)   解析(해석)

**난이도** 한자능력검정시험 읽기 3급 쓰기 2급

---

## 樂
풍류 악

樂(풍류 악 ; 木 - 총 15획)

---

**자형해설** 樂(악)자의 자형은 나무 木(목)과 실 絲(사)로 구성되었다. 나중에 현을 표
현하는 부호(白)를 첨가했다. 자형은 나무 위에 실이 묶여져 있는 모습이다.
또 의미가 변하여 희열을 뜻하게 되었다. 본의는 악기다. 또 음악을 지칭하
기도 한다. 樂(악)자는 다음자(多音字)로 "즐길 락", "좋아할 요"로도 읽는다.

**상관어휘** 音樂(음악)   快樂(쾌락)   樂山樂水(요산요수)

**난이도** 한자능력검정시험 읽기 6급Ⅱ 쓰기 6급

---

## 朱
### 붉을 주

朱(붉을 주 ; 木 – 총 6획)

---

**자형해설** 朱(주)자는『說文(설문)』에 "赤心木(적심목)"이라고 했다. 즉 속이 붉은 나무라는 의미로 朱木(주목)을 말한다. 자형은 나무 중심 줄기에 지사부호가 있어 나무의 중심 줄기의 위치를 표시했다. 이후 朱(주)자가 붉은 색을 의미하게 되었다.

**상관어휘** 朱砂(주사)   印朱(인주)

**난 이 도** 한자능력검정시험 읽기 4급 쓰기 3급 II

---

## 竹
### 대 죽

竹(대 죽 ; 竹 – 총 6획)

---

**자형해설** 竹(죽)자의 자형은 두 그루의 대나무를 병렬시킨 모습으로 잎 세 개가 아래로 향하고 있다. 竹竿(죽간)이라고도 한다. 고대에는 속이 빈 대나무로 만든 笛(적)과 같은 피리를 가리키기도 했다.

**상관어휘** 竹杖(죽장)   竹林七賢(죽림칠현)

**난 이 도** 한자능력검정시험 읽기 4급 II 쓰기 4급

---

# 箸
## 젓가락 저

箸(젓가락 저 ; 竹 – 총 15획)

---

**자형해설** 젓가락 箸(저), 드러날 著(저), 붙을 着(착)자는 모두 한 근원에서 나왔다. 현재는 구별하여 사용하지만 고문에서는 통용되었다. 젓가락 箸(저)자는 대 竹(죽)자로 의미를, 놈 者(자)자로 발음을 표시한다. 著(저)자는 삶을 煮(자)자의 생략형으로 음식을 나타낸다. 고대 제사를 지낼 때 삶아 놓은 돼지 머리에 젓가락을 꽂았다. 젓가락 箸(저)자의 일부 의미를 드러날 著(저)자가 표시했고 著(저)자에서 다시 분화되어 붙을 着(착)자가 되었다.

**상관어휘** 消毒箸(소독저)  著述(저술)

**난 이 도** 한자능력검정시험 읽기 1급 쓰기 특급

---

# 節
## 마디 절

節(마디 절 ; 竹 – 총 15획)

---

**자형해설** 節(절)자의 최초 자형은 병부 卩(절)자다. 갑골문의 자형은 사람이 무릎을 꿇고 앉아 있는 모습으로 무릎 관절 부분을 강조했다. 나중에 부절(符節 ; 신분을 증명하는 물건)이란 의미를 표시했다. 卩(절)과 旣(이미 기)는 같은 자이고 대나무로 만든 식기이다. 다시 대 竹(죽)자를 첨가하여 節(절)자가 되었고 의미가 변해 節制(절제), 禮節(예절) 등을 표시했다.

**상관어휘** 季節(계절)  節度使(절도사)

**난 이 도** 한자능력검정시험 읽기 5급 II 쓰기 5급

---

## 筮
### 점대 서

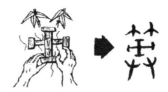

筮(점대 서 ; 竹 - 총 13획)

**자형해설** 고대에는 蓍草(시초; 댓가지)를 사용해 길흉을 점쳤다. 金文(금문)의 점 대 筮(서)자는 중간이 무당 巫(무)자로 의미를 표시한다. 즉 점대는 무당이 점 을 칠 때 사용하는 대나무로 만든 도구다. 그러므로 글자의 윗부분이 竹(죽) 자이고 아래 부분은 두 손이다.

**상관어휘** 龜筮(귀서)    卜筮(복서)

**난 이 도** 한자능력검정시험 읽기 특급 쓰기 특급

## 禾
### 벼 화

禾(벼 화 ; 禾 - 총 5획)

**자형해설** 禾(화)자의 자형은 뿌리와 줄기를 가진 이미 잘 익은 곡식 윗부분의 곡물이 땅을 향해 고개를 숙이고 있는 모습이다. 秦(진)나라 이전에 禾(화)자의 본 의는 '조'다. 여기서 의미가 발전하여 일반 작물의 총칭이 되었다.

**상관어휘** 禾黍(화서)    禾穀(화곡)

**난 이 도** 한자능력검정시험 읽기 3급 쓰기 2급

## 黍
### 기장 서

黍(기장 서 ; 黍-총 12획)

---

**자형해설** 黍(서)자의 자형은 벼 이삭(禾화)이 달린 줄기 아래 뿌리(人)가 있고 물(氺
수)이 있는 모습이다. 기장 혹은 기장쌀(黃米)이라고도 한다. 기장의 이삭은
흩어진다. 벼와 같은 곡식과는 다르다. 이 때문에 갑골문의 자형은 이 특징
을 강조했다. 또 줄기에 물이 있는 것은 기장을 이용해 술을 담글 수 있음을
표시한다. 고대에 술은 중요하고 귀중했다.

**상관어휘** 黍稷(서직; 기장과 피)  黍粟(서속 : 기장 조)

**난 이 도** 한자능력검정시험 읽기 1급 쓰기 특급

---

## 利
### 날카로울 리

利(날카로울 리 ; 刀-총 7획)

---

**자형해설** 利(리)자의 자형은 칼(刂도)로 벼(禾)를 자를 때 낟알이 칼날을 따라 알알이
떨어지는 모습이다. 칼날이 날카로움을 표시한다. 나중에 여기서 의미가 변
하여 利益(이익), 金利(금리) 등의 의미를 갖게 되었다.

**상관어휘** 銳利(예리)  漁父之利(어부지리)

**난 이 도** 한자능력검정시험 읽기 6급Ⅱ 쓰기 6급

---

**麥**

보리 맥

麥(보리 맥 ; 麥 - 총 11획)

**자형해설** 麥(맥)자는 형성자로 자형은 보리의 모양이다. 상부는 래(來)자이고 하단은 원래 뿌리 형상(夂 치)인데 갑골문에서는 이미 그것과 사람의 발 형상과 혼동되어 해석이 쉽지 않다.

**상관어휘** 麥酒(맥주)   麥秀之嘆(맥수지탄; 고국의 멸망을 한탄함)

**난 이 도** 한자능력검정시험 읽기 3급 II 쓰기 3급

---

**來**

올 래

來(올 래[내] ; 人 - 총 8획)

**자형해설** 갑골문의 來(래)자는 뿌리·잎·줄기를 다 갖춘 모종 형상이다. 來(래)자의 본의는 小麥(소맥, 밀)이다. 나중에 來(래)자가 假借(가차)되면서 往來(왕래)의 來(래)가 되었다. 그래서 밀을 나타내기 위해 밀 麳(래)자를 만들어 본의를 표시하게 되었다. 일설에 올 來(래)자는 밀(小麥), 보리 麥(맥)은 보리(大麥)라고 한다.

**상관어휘** 本來(본래)   來世(내세)

**난 이 도** 한자능력검정시험 읽기 7급 쓰기 6급 II

## 麻
삼 마

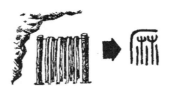

麻(삼 마 ; 麻 - 총 11획)

**자형해설** 麻(마)자의 자형은 사람들이 절벽이나 처마 아래서 삼 껍질을 말리고 있는 모습이다. 집 广(엄)자와 나무 木(목)자 두 개로 구성되어 삼을 가리킨다. 나중에 艸(초)자를 첨가하여 삼 蔴(마)자를 만들었다.

**상관어휘** 麻雀(마작)  麻布(마포)

**난 이 도** 한자능력검정시험 읽기 3급Ⅱ 쓰기 3급

### 類似字型

| | | | |
|---|---|---|---|
| 共鳴(공명) | 鳴(울 명) | 沈沒(침몰) | 沒(가라앉을 몰) |
| 嗚呼(오호) | 嗚(탄식 소리 오) | 戰歿(전몰) | 歿(죽을 몰) |

| | | | |
|---|---|---|---|
| 微弱(미약) | 微(작을 미) | 密接(밀접) | 密(빽빽할 밀) |
| 徵收(징수) | 徵(부를 징) | 蜜蜂(밀봉) | 蜜(꿀 밀) |

| | | | |
|---|---|---|---|
| 墙壁(장벽) | 壁(벽 벽) | 復習(복습) | 復(다시 부(돌아올 복)) |
| 完璧(완벽) | 璧(둥근 옥 벽) | 複雜(복잡) | 複(겹옷 복) |

### 故事成語

蛇足(사족)            『戰國策·齊策』

쓸 데 없는 것을 덧붙여 일을 오히려 그르침. 쓸 데 없는 것.


三顧草廬(삼고초려)        『三國志·蜀志·諸葛亮傳』

유비가 제갈공명을 세 번이나 찾아가 군사(軍師)로 초빙한 데에서 유래한 말이다. 필요한 사람을 정성을 다해 찾아가는 기본적인 법도로도 쓰인다.


西施效顰(서시효빈)           『莊子·天運』

미인 서시(西施)가 눈을 찌푸린 것을 아름답게 본 추녀가 그 흉내를 내고 다녀 더욱 밉게 보였다는 고사에서 유래한 말. 분수를 생각하지 않고 무조건 남을 따라함을 비유함.


椽木求魚(연목구어)          『大光明藏經』

나무에 올라가 물고기를 찾는다. 불가능한 것을 원한다는 말이다.

桑田碧海(상전벽해)　　　　　　　　　　　　　　　盧照隣「長安古意」

뽕나무밭이 변하여 푸른 바다가 된다는 말로 세상일의 변천이 심하여 사물이 바뀜을
비유하는 말이다.


塞翁之馬(새옹지마)　　　　　　　　　　　　　　　『淮南子・人間訓』

세상일은 변화가 많아서 인생에 복이 될지 화가 될지 예측할 수 없다는 비유로 쓰임.


## 名言 / 格言


學而不思則罔, 思而不學則殆.　　　　　　　　　　　『論語・爲政』

배우기만 하고 생각하지 않으면 얻음이 없고 생각하기만 하고 배우지 않으면 위태롭다.

　罔 : 그물 망 , 그물에 갇히다.　　　　　殆 : 위태할 태 危殆(위태)
　則 : 곧 즉


一苦一樂相磨練, 練極而成福者, 其福始久矣.　　　　　『菜根譚』

괴로움도 즐거움도 맛보면서 연마하여, 연마 끝에 복을 이룬 사람은 그 복이 비로소
오래 가게 된다.

　苦 : 쓸 고, 괴로움　　　　　　　　樂 : 즐길 락, 즐거움
　磨 : 갈 마. 갈고 닦다.　　　　　　練 : 익힐 련, 수련하다.
　極 : 다할 극, 최고의 경지를 말함.　始 : 처음 시 , 비로소
　其 : 그 기. 대명사

| 桑 | 田 | 碧 | 海 | 塞 | 翁 | 之 | 馬 |
|---|---|---|---|---|---|---|---|
| 뽕나무 **상** | 밭 **전** | 푸를 **벽** | 바다 **해** | 변방 **새** | 늙은이 **옹** | 갈 **지** | 말 **마** |

| 뽕나무밭이 변하여 푸른 바다가 된다는 말로 세상일의 변천이 심하여 사물이 바뀜을 비유함 | | | | 세상일은 변화가 무쌍하여 복이 될지 화가 될지 예측할 수 없다는 비유로 쓰임. | | | |
|---|---|---|---|---|---|---|---|
| 桑 | 田 | 碧 | 海 | 塞 | 翁 | 之 | 馬 |
| 桑 | 田 | 碧 | 海 | 塞 | 翁 | 之 | 馬 |
| | | | | | | | |
| | | | | | | | |
| | | | | | | | |
| | | | | | | | |
| | | | | | | | |
| | | | | | | | |
| | | | | | | | |

## 第十八課

# 祭祀와 占

 **生活漢字**

### 就業用語

接受證　進路　面接　祕書　會社　公務員　考試　自己紹介書　職級

業務　職能　職務　資格證　會計司　稅務士　管稅司　語學研修　能力

鑑定　評價　加算點　産業　企業分析　合格　創業

　본과에서는 祭祀(제사)와 占(점)에 관련된 한자를 공부한다. 이런 의미의 부수는 示(시), 鬼(귀), 豆(두), 卜(복), 爻(효) 등이 있다.

## 示
**보일 시**

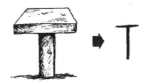

示(보일 시 ; 示 - 총 5획)

**자형해설** 示(시)자는 지사자로 원래는 신을 제사하는 돌로 만든 제단의 모습으로 T자형이다. 나중에 示(시)자로 변했다. 이 부수가 들어간 글자는 신과 조상들에게 드리는 제사와 관련이 많다.

**상관어휘** 指示(지시)  示範(시범)

**난 이 도** 한자능력검정시험 읽기 5급 쓰기 4급 Ⅱ

---

## 祭
**제사 제**

祭(제사 제 ; 示 - 총 11획)

**자형해설** 祭(제)자의 갑골문의 자형은 손으로 피가 떨어지는 고기 덩이를 잡은 모습이다. 본의는 "가축을 죽여 귀신을 제사하는 것"이다. 자형은 한 손(又우)으로 고기(月)를 잡아 제단(示시) 위에 올려놓고 신에게 제를 하는 모습이다.

**상관어휘** 祭祀(제사)  祈雨祭(기우제)

**난 이 도** 한자능력검정시험 읽기 4급 Ⅱ 쓰기 4급

宗

마루 종

宗(마루 종 ; 宀 – 총 8획)

---

**자형해설** 宗(종)자의 자형은 집(宀 면)안에 제단(示시)이 있는 모습이다. 여기서 의미
가 변하여 宗族(종족)이 되었다. 본의는 宗廟(종묘)로 조상을 제사하는 사
당이다.

**상관어휘** 宗敎(종교)  宗孫(종손)

**난이도** 한자능력검정시험 읽기 4급Ⅱ 쓰기 4급

---

且

또 차

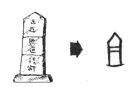

且(또 차 ; 一 – 총 5획)

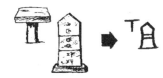

祖(조상 조 ; 示 – 총 10획)

---

**자형해설** 且(차)자는 조상 祖(조)자의 본래 자이다. 자형은 사망한 조상을 제사지내
는 위패의 모습이다. 나중에 가차되어 의미가 없는 허사가 되었다. 그래서
영혼을 상징하는 示(시)자를 더해 별도로 조상 祖(조)자를 만들어 두 글자를
구분했다.

**상관어휘** 祖父(조부)  且置(차치)

**난이도** 한자능력검정시험 읽기 3급 쓰기 2급

---

□ □ □

# 禮
예절 **예**

禮(예절 예 ; 示 - 총 18획)

[자형해설] 禮(예)자는 원래 풍성할 豊(풍)자로 썼다. 자형은 禮器(예기) 안에 귀중한
옥 두 꾸러미가 담겨 있는 모습으로 신을 제사할 때 사용했다. 나중에 豊(풍)
자와 모습이 유사하여 혼용되었고 그래서 示(시)자을 넣어 禮(예)자를 만들
었다. 豆(두)자는 북을 나타낸다. 즉 북을 치며 옥을 받쳐 신을 경배한 내용
이다. 본의는 "신을 경배하다"이다.

[상관어휘] 禮節(예절)　禮式(예식)

[난 이 도] 한자능력검정시험 읽기 4급 쓰기 3급

□ □ □

# 視
볼 **시**

視(볼 시 ; 見 - 총 12획)

[자형해설] 보일 示(시)자는 주로 의미를 표현하는 편방으로 사용된다. 그런데 볼 視
(시)자에서 示(시)는 소리를 나타내고 볼 見(견)자를 사용해 의미를 표현했
다. 신에게 제사를 지낼 때 징조를 세밀하게 관찰한다는 의미다. 나중에 의
미가 발전하여 관찰하다, 대우하다 등의 뜻을 나타냈다.

[상관어휘] 視覺(시각)　視察(시찰)

[난 이 도] 한자능력검정시험 읽기 4급 II 쓰기 4급

# 鬼

**귀신 귀**

鬼(귀신 귀 ; 鬼 - 총 10획)

---

**자형해설** 고대인들은 사람이 사망한 후 얼굴의 모습이 변하여 무서운 귀신이 된다고
생각했다. 그러므로 鬼(귀) 자의 하반부는 사람의 모습이고 상반부는 상상
해서 귀신의 머리를 그렸다. 혹은 고대 가면(由 귀신머리 불)을 쓴 무당(儿)
이 제사를 드리는 것이다. 厶(사)자는 止(지)자의 변형이다.

**상관어휘** 吸血鬼(흡혈귀)  鬼氣(귀기)

**난 이 도** 한자능력검정시험 읽기 3급Ⅱ 쓰기 3급

---

# 異

**다를 이**

異(다를 이 ; 田 - 총 12획)

---

**자형해설** 異(이)자의 자형은 몸은 사람 형상이나 머리(田 전)는 귀신 형상이고 두 손
(廾 공)을 벌리고 있다. 고대 원시 부족들이 사용한 가면들은 매우 무서운 형
상으로 실제 인간의 모습과는 많이 달랐다. 이것은 매우 독특하고 기이한 형
상이다. 이것이 異(이)자의 본의이다.

**상관어휘** 差異(차이)  特異(특이)

**난 이 도** 한자능력검정시험 읽기 4급 쓰기 3급Ⅱ

## 畏

두려워할 **외**

畏(두려워할 외; 田 - 총 9획)

---

**자형해설** 畏(외)자의 자형은 귀신(田)이 손에 나무 막대기(무기)를 들고 산 사람을 때리는 모습이다. 이는 사람이 대항할 수 없는 매우 두려운 일이다. 그러므로 畏(외)자의 본의는 두려워하다, 공포 등이고 여기서 의미가 변하여 "공경하며 존경하다"가 되었다.

**상관어휘** 畏敬(외경)  畏友(외우)

**난 이 도** 한자능력검정시험 읽기 3급 쓰기 2급

---

## 豆

콩 두

豆(콩 두; 豆 - 총 7획)

---

**자형해설** 豆(두)자의 자형은 고대에 제사용 음식물을 담던 높은 굽이 있는 그릇이다. 이런 그릇은 祭器(제기)로 주로 제사에 사용되었다. 오를 登(등)자와 다른 점은 豆(두)는 나무로 만든 그릇이고 登(등)은 기와로 만든 그릇이다. 고인들은 콩 菽(숙)자를 사용해 콩을 표현했고 漢(한) 나라 이후 비로소 콩을 豆(두)라고 불렀다.

**상관어휘** 豆乳(두유)  豆滿江(두만강)

**난 이 도** 한자능력검정시험 읽기 4급Ⅱ 쓰기 4급

---

**登**

**오를 등**

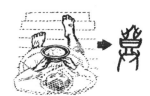

登(오를 등 ; 癶 - 총 12획)

---

[자형해설] 登(등)은 고대에 기와의 일종으로 만든 제기의 명칭이다. 제기 豆(두)자와 유사하다. 자형은 豆(두)의 상부에 한 쌍의 발(癶 등질 발)이 있고 하부에 손 한 쌍(廾 공)이 있다. 이는 음식물을 가득 담은 제기를 받들고 제단을 올라가 는 모습이다.

[상관어휘] 登山(등산)  登錄金(등록금)

[난 이 도] 한자능력검정시험 읽기 7급Ⅱ 쓰기 7급

---

**卜**

**점 복**

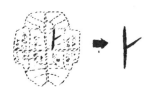

卜(점 복 ; 卜 - 총 2획)

---

[자형해설] 고인들은 거북의 뼈(龜甲 귀갑)를 불로 태워 갈라지는 무늬로 장래의 전쟁 이나 날씨에 대한 길흉을 점쳤다. 점 卜(복)자의 자형은 바로 이렇게 갈라진 모습이다. 혹은 무당이 사용하는 신령한 지팡이 모습이다. 점차 뜻이 발전하 여 추측, 예측 등의 의미가 생겼다.

[상관어휘]  卜債(복채)   卜師(복사)

[난 이 도] 한자능력검정시험 읽기 3급 쓰기 2급

---

## 占

### 차지할 점

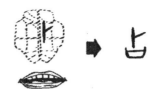

占(차지할 점 ; 卜 - 총 5획)

**자형해설** 占(점)자의 상부는 점 卜(복)자 "점쟁이에게 묻는 도구"를 표시하고 하반부는 입 口(구)자로 점쟁이가 길흉을 예고하는 것을 표시한다. 본의는 "징조를 보고 길흉을 알 수 있다"이다.

**상관어휘** 占居(점거)　占星術(점성술)

**난 이 도** 한자능력검정시험 읽기 4급 쓰기 3급 II

---

## 貞

### 곧을 정

貞(곧을 정 ; 貝 - 총 9획)

**자형해설** 貞(정)자의 자형은 상부의 卜(복)자는 의미를 표시하고 하부에 솥 鼎(정)이 있고 이 글자로 貞(정)자를 대신했다. 즉 청동 제기를 준비해 제사를 지내고 점을 쳐 신에게 물어보는 것을 말한다. 金文(금문)은 솥(鼎정) 위에 점 卜(복)자를 더해 점치는 일을 표시했다. 貞節(정절)이란 의미는 나중에 생겼다.

**상관어휘** 童貞女(동정녀)　貞操(정조)

**난 이 도** 한자능력검정시험 읽기 3급 II 쓰기 3급

---

효 효

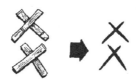

爻(효 효 ; 爻 - 총 4획)

---

자형해설 爻(효)자는『易經(역경)』에서 卦(괘)를 만드는 부호다. 자형은 점을 치는 竹竿(죽간)을 몇 개 교차시켜 놓은 모습이다. 이를 통해 천지변화의 규칙을 발견하고 세상의 변화를 추측·계산했다. 爻(효)는 陽爻(양효)와 陰爻(음효)가 있고 세 개의 효로 한 개의 卦(괘)를 만든다.

상관어휘 爻辭(효사) 四爻(사효)

난 이 도 한자능력검정시험 읽기 1급 쓰기 특급

---

가르침 교

敎(가르침 교 ; 攴 - 총 11획)

---

자형해설 敎(교)자의 자형은 어른이 회초리(攵복)를 잡고 아이(子자)에게 공부를 독촉하는 모습이다. 子(자)자의 윗부분의 효 爻(효)자는 수를 셀 때 쓰는 산가지로 발음부분이다.

상관어휘 敎育(교육) 敎科書(교과서)

난 이 도 한자능력검정시험 8급

---

## 類似字型

自己(자기)       己(자기 기)          元旦(원단)       旦(아침 단)
不得已(부득이) 已(이미 이)          況且(황차)       且(또 차)
乙巳(을사)       巳(여섯째 지지 사)

學徒(학도)       徒(무리 도)          新羅(신라)       羅(새그물 라)
移徙(이사)       徙(옮길 사)          罹災民(이재민) 罹(근심 이)

潑剌(발랄)       剌(어그러질 랄)    心慮(심려)       慮(생각할 려)
刺戟(자극)       刺(찌를 자)          盧氏(노씨)       盧(화로 로)

## 故事成語

洗踏足白(세답족백)                                              『旬五誌』

상전의 빨래를 했더니 내 발이 희어졌다. 남을 위하여 한 일이 자기에게도 이득이 있
다, 혹은 일을 하고 아무런 보수도 얻지 못하였을 때를 비유하기도 한다.

水魚之交(수어지교)                                              『管子·小問』
물과 고기의 관계처럼 교분이 매우 깊은 것을 말함.

歲寒松柏(세한송백)                                              『論語·子罕』
날씨가 추워진 후의 송백. 소나무와 잣나무는 한겨울에도 색이 변하지 않는다. 조건이
나 환경에 따라 변하지 않는 지조와 의리를 강조한 말.

水深可知人心難測(수심가지인심난측)            『史記·淮陰侯列傳』
물의 깊이는 알 수 있으나 사람의 마음은 헤아리기 어렵다.

守株待兎(수주대토)　　　　　　　　　　　　　　　　　　　　　『韓非子』

한 농부가 어느 날 토끼가 나무에 와서 부딪치는 것을 우연히 한 번 목격하고, 다시 그런 일이 일어나기 바라며 나무를 지키고 있음. 노력은 하지도 않고 좋은 일이 다시 생기기를 기다림. 불가능한 일을 바라는 것을 비유하는 말이다.

## 名言 / 格言

井蛙不可以語于海者,　拘于虛也 ; 夏虫不可以語于冰者, 篤于時也 ;
曲士不可以語于道者, 束于教也。　　　　　『莊子集釋 外篇·秋水』

우물 안 개구리가 바다에 대해 말할 수 없는 것은 좁은 공간에 구애되어 있기 때문이다. 여름 벌레가 얼음에 대해 말할 수 없는 것은 때에 충실하기 때문입니다. 그릇된 학문을 연구하는 선비가 도(道)에 대해 말할 수 없는 것은 교리(敎理)에 얽매여 있기 때문이다.

　　蛙 : 개구리 와　　　　　　　　拘 : 잡을 구, 구애되다, 구속되다,
　　虛 : 빌 허, 공간, 거처,　　　　篤 : 도타울 독, 충실하다, 독실하다.
　　曲士 : 그릇된 학문을 연구하는 선비.　　束 : 묶을 속, 묶이다, 속박되다.
　　敎 : 교리(敎理).

棲守道德者, 寂寞一時, 依阿權勢者, 凄凉萬古.　　　　　　　『菜根譚』

도와 덕을 지키고 사는 사람은 한 때 적막할 때도 있으나, 권세에 아부하여 의지하는 사람은 만고에 처량하게 된다.

　　棲 : 살 서　　　　　　　　　　守 : 지킬 수
　　寂 : 고요할 적, 寞 : 쓸쓸할 막 : 적막함 조용함 외로움
　　一時 : 한 때, 한 순간
　　依 : 의지할 의, 의존하다
　　阿 : 언덕 아, 언덕으로 삼다 즉 아부하다
　　權 : 저울추 권, 勢기세 세 권세
　　凄 : 쓸쓸할 처, 凉 : 서늘할 량, 처량하게 되다 동사로 사용함.
　　萬古 : 만고, 긴 시간. 여기서는 위의 一時(한 때)와 반대 의미.

| 歲 | 寒 | 松 | 柏 | 守 | 株 | 待 | 兎 |
|---|---|---|---|---|---|---|---|
| 해 **세** | 찰 **한** | 소나무 **송** | 잣나무 **백** | 지킬 **수** | 그루 **주** | 기다릴 **대** | 토끼 **토** |

| 조건이나 환경에 따라 변하지 않는 지조와 의리를 강조한 말. | 노력도 하지 않고 좋은 일만 기다리 듯 불가능한 덧을 바라는 어리석음을 비유함 |
|---|---|

| 歲 | 寒 | 松 | 柏 | 守 | 株 | 待 | 兎 |
|---|---|---|---|---|---|---|---|
| 歲 | 寒 | 松 | 柏 | 守 | 株 | 待 | 兎 |
| | | | | | | | |
| | | | | | | | |
| | | | | | | | |
| | | | | | | | |
| | | | | | | | |
| | | | | | | | |
| | | | | | | | |

## 第十九課

# 衣와 食

 **生活漢字**

---

### 自然環境

漁村　農村　江村　炭鑛村　村落　島嶼　山嶽　濕地　僻地　奧地

丘陵地　盆地　山脈　海岸線　干拓地　閑麗水道　新都市　軍事都市

商業都市　觀光都市　海水浴場　明沙十里

---

　본과와 다음 과에서는 의식주에 관련된 한자를 공부한다. 衣(의)에 관련된 한자 부수는 糸(사), 巾(건), 衣(의), 冖(멱) 등이 있고 食(식)과 관련된 한자 부수는 米(미), 食(식), 匕(비), 皿(명), 缶(부), 鬲(력) 등이 있고 住(주)와 관련된 부수로는 宀(면), 广(엄), 穴(혈), 戶(호), 門(문), 高(고), 爿(장) 등이 있다.

**絲**

실 사

絲(실 사 ; 糸 – 총 12획)

---

자형해설　絲(사)자의 자형은 실 糸(사) 두 개를 꼬아서 줄을 만든 모습이다. 絲(사)자
는 琴瑟(금슬), 琵琶(비파) 등 현악기의 총칭이기도 하다. 본의는 蠶絲(잠
사: 명주실)이다.

상관어휘　面紗布(면사포)　絹紗(견사)

난 이 도　한자능력검정시험 읽기 4급 쓰기 3급Ⅱ

---

**网**

그물 망

网/網(그물 망 ; 糸 – 총 14획)

---

자형해설　网(망)자의 자형은 禽獸(금수)를 잡는 그물 모습이다. 갑골문의 자형은 두
개의 나무 막대기 사이에 줄을 교차하여 그물을 만들었다. 나중에 발음을 표
시하는 亡(망)자를 넣어 岡(강)으로 썼다. 또 다시 糸(사)자를 첨가하여 그
물 網(망)자가 되었다. 网(망)자는 나중에 罒(그물 망)으로 변해 사용되었다.

상관어휘　網席(망석)　一網打盡(일망타진)

난 이 도　한자능력검정시험 읽기 특급 쓰기 특급

畜
쌀을 축

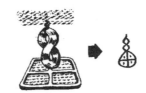

畜(쌀을 축 ; 田 - 총 10획)

---

**자형해설**　畜(축)은 쌓을 蓄(축)자의 본래 자이다. 비교적 초기의 자형은 糸(사)자와
田(전)자로 구성되었다. 糸(사)자는 묶다는 뜻으로 밭에서 동물을 묶어 기
르는 것을 표시한다. 지금은 주로 사육하는 짐승을 말한다.

**상관어휘**　家畜(가축)　畜産(축산)

**난 이 도**　한자능력검정시험 읽기 3급Ⅱ 쓰기 3급

---

繼
이을 계

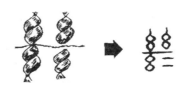

繼(이을 계 ; 糸 - 총 20획)

---

**자형해설**　繼(계)자의 金文(금문) 자형은 나란히 놓인 실 묶음 두 개가 중간이 거의 끊
어질 듯 간신히 이어진 모습이다. 『說文(설문)』에 "繼(계)는 이을 續(속)의
의미"라고 했다. 小篆(소전) 이후에 실 糸(사) 자가 들어갔다. 나중에 "계승",
"구제하다", "그 다음"이란 의미가 생겼다.

**상관어휘**　中繼放送(중계방송)　後繼者(후계자)

**난 이 도**　한자능력검정시험 읽기 4급 쓰기 3급Ⅱ

---

**巾**
수건 **건**

巾(수건 건 ; 巾 - 총 3획)

---

자형해설 巾(건)자의 자형은 나무에 걸린 수건의 모습이다. 본의는 "수건" 혹은 "옷감용 천"이다. 한자 중에서 巾(건)자가 들어간 글자들은 모두 포목과 관련이 있다. 예 : 布(베 포) 幅(폭 폭)

상관어휘 黃巾賊(황건적) 手巾(수건)

난이도 한자능력검정시험 읽기 특급Ⅱ 쓰기 특급

---

**帛**
비단 **백**

帛(비단 백 ; 巾 - 총 8획)

---

자형해설 帛(백)자의 자형은 흰 白(백)자와 수건 巾(건)자로 구성되었다. 흰 白(백)은 무색을 말하고 巾(건)은 비단을 말한다. 두 가지 의미가 합쳐져 흰색 비단이란 뜻이다. 이 글자는 독특하게 白(백)자로 의미와 소리를 모두 표시한다. 나중에 비단의 총칭이 되었다.

상관어휘 幣帛(폐백) 帛書(백서)

난이도 한자능력검정시험 읽기 1급 쓰기 특급

布
베 포

布(베 포 ; 巾 - 총 5획)

**자형해설** 布(포)자의 자형은 金文(금문)에서 의미를 표시하는 "巾(건)"자와 발음을 표시하는 "父(부, 보)"자로 구성된 형성자다. 父(부)자는 손에 도끼를 들고 일하는 남자의 모습이다. 그러므로 布(포)는 남자가 입고 있는 면직물이란 뜻이다. 父(부)자는 나중에 손(ナ)을 가리키는 형태로 변했다. 최초의 布(포)자는 마포나 갈포를 가리킨다.

**상관어휘** 布木(포목)  布告(포고)

**난 이 도** 한자능력검정시험 읽기 4급Ⅱ 쓰기 4급

---

常
항상 상

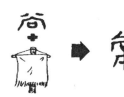

常(항상 상 ; 巾 - 총 11획)

**자형해설** 항상 常(상)자는 치마 裳(상)자의 본래 자이다. 본의는 "아래 옷(치마나 바지)을 입다"이다. 常(상)자는 의미를 표시하는 수건 巾(건)자와 발음을 나타내는 尚(상)자로 구성되어 있다. 尚(상)자는 숭상하다는 뜻으로 사람들이 숭상해 유행한 의복을 표시한다. 나중에 常(상)자는 "항구", "항상", "보통" 등의 의미로 가차되었고 이때부터 常(상)자와 裳(상)자는 구분되었다.

**상관어휘**  平常時(평상시)  常識(상식)

**난 이 도** 한자능력검정시험 읽기 4급Ⅱ 쓰기 4급

## 衣
### 옷 의

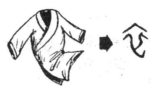

衣(옷 의 ; 衣 - 총 6획)

---

**자형해설** 衣(의)자의 자형은 상의 모습이다. 최상단은 옷깃이고 양 옆으로 열린 곳은 옷소매, 하단은 옷의 아랫부분이다. 고대에 상의를 衣(의) 하의를 치마 裳(상)이라고 했다.

**상관어휘** 衣服(의복)  衣冠(의관)

**난 이 도** 한자능력검정시험 읽기 6급 쓰기 5급 II

---

## 初
### 처음 초

初(처음 초 ; 刀 - 총 7획)

---

**자형해설** 初(초)자의 자형은 옷 衣(의)자와 칼 刀(도)자가 합쳐진 것이다. 衣(의)자는 부수로 사용할 때는 衤(의)자로 쓴다. 즉 칼을 들고 옷을 만들려고 처음 시작할 때를 표시한다. 본의는 시작하다(開始)이다. 후에 의미가 발전하여 "근원"이나 "종전" 등의 뜻을 갖게 되었다.

**상관어휘** 始初(시초)  初面(초면)

**난 이 도** 한자능력검정시험 읽기 5급 쓰기 4급 II

---

# 裏

**속 리**

裏(속 리 ; 衣 - 총 13획)

---

**자형해설** 裏(리)자의 자형은 상하는 옷 衣(의)자로 의미를 표현하고 마을 里(리)자는 발음을 나타낸다. 형성자로 본의는 "옷의 내부"이다. 여기서 의미가 발전하여 "~안에"라는 의미가 생겼다.

**상관어휘** 裏面(이면)  裏書(이서)

**난 이 도** 한자능력검정시험 읽기 3급Ⅱ 쓰기 3급

---

**갓 관**

冠(갓 관 ; 冖 - 총 9획)

---

**자형해설** 冠(관)자의 자형은 세 부분으로 구성되었다. 덮을 冖(멱)자는 모자이고 으뜸 元(원)자는 사람의 머리 부분이고 마디 寸(촌)자는 손 又(수)자와 마찬가지로 손이다. 이 세 자를 합해 손으로 사람의 머리에 모자를 씌워주는 모습이다. 또 모자는 사람의 맨 위에 있어 여러 사람 중 뛰어나다는 의미가 생겼다.

**상관어휘** 紗帽冠帶(사모관대)  冠婚喪祭(관혼상제)

**난 이 도** 한자능력검정시험 읽기 3급Ⅱ 쓰기 3급

# 米
## 쌀 미

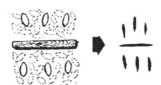

米(쌀 미 ; 米 – 총 6획)

| 자형해설 | 米(미)자의 자형은 흩어진 쌀알 중간에 횡선(一)이 하나 있어 벼와 모래, 껍질 등과 구별하는 모습이다. 小篆(소전) 이후 자형의 중간이 변하기 시작해 십자형이 되었다. |

| 상관어휘 | 米穀(미곡)　米飮(미음) |

| 난이도 | 한자능력검정시험 읽기 6급 쓰기 5급 II |

# 麋
## 큰사슴 미

麋(큰사슴 미 ; 鹿 – 총 17획)

| 자형해설 | 麋(미)자의 자형은 뿔은 사슴 같고 머리는 말 같고 몸은 나귀 같고 발굽은 소 같다(일설에 뿔은 사슴 같고 꼬리는 나귀 같고 발굽은 소 같고 목은 낙타 같다고 함). 石鼓文(석고문)에서 처음으로 "米"자를 더해 발음부분으로 삼았다. |

| 상관어휘 | 麋骨(미골) |

| 난이도 | 한자능력검정시험 읽기 특급 쓰기 특급 |

**食**

밥 식

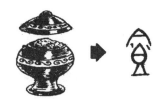

食(밥 식 ; 食 - 총 9획)

자형해설　食(식)자의 자형은 식물을 담은 그릇 모양이다. 食(식)자의 상부는 입 口 (구)자가 뒤집어진 모습으로 그릇에 담긴 음식을 먹는 모습이다. 두 점은 침이다. 동사로 사용되며 "먹다"는 뜻이다.

상관어휘　食堂(식당)　食事(식사)

난 이 도　한자능력검정시험 읽기 7급 II 쓰기 7급

**卽**

곧 즉

即(곧 즉 ; 卩 - 총 7획)

자형해설　卽(즉)자의 자형의 좌변은 음식이 담겨있는 그릇이고 우변은 무릎을 꿇고 있는 사람이 얼굴을 음식으로 향하고 있다. 본의는 "식사하러 가다"이다. 여기서 의미가 발전하여 "접근하다", "가까이 하다"가 되었다. 전형적인 會意字(회의자)다. 卽(즉)과 即(즉)은 같은 자다.

상관어휘　卽時(즉시)　卽位(즉위)

난 이 도　한자능력검정시험 읽기 3급 II 쓰기 3급

□ □ □

# 旣

이미 **기**

旣(이미 기 ; 无 - 총 9획)

---

**[자형해설]** 앞의 卽(即 즉)자와 정 반대 자형이다. 旣(기)자의 자형은 무릎을 꿇고 식기
옆에 앉아 있는 사람의 얼굴이 뒤를 향해 돌아보고 있다(旡 목멜 기). 이는
"배가 부름"을 표시한다. 여기서 의미가 발전하여 "완성하다", "다하다" "이
미" 등의 의미를 표현한다.

**[상관어휘]** 旣成服(기성복)   旣決(기결)

**[난이도]** 한자능력검정시험 읽기 3급 쓰기 2급

---

□ □ □

# 匕

숟가락 **비**

匕(숟가락 비 ; 匕 - 총 2획)

---

**[자형해설]** 匕(비)자의 자형은 "음식을 먹는 도구"로 수저처럼 생겼다. 匕(비)자는 妣
(비)자의 본래자다. 갑골문 匕(비)자는 부복한 사람의 모습으로 신분이 낮은
여인이다. 후대의 국자는 이것이 변한 것이다. 匕(비)자는 비수를 나타내기
도 한다.

**[상관어휘]** 匕首(비수)   匕鬯(비창 : 제사에 쓰이는 기물과 술)

**[난이도]** 한자능력검정시험 읽기 1급 쓰기 특급

皿(그릇 명 ; 皿 - 총 5획)

**그릇 명**

---

**자형해설** 그릇 皿(명)자는 상형자로 굽이 높고 뚜껑이 없는 음식물을 담는 용기 같다. 받침이 있는 그릇 모양이다. 그릇 皿(명)자로 구성된 글자는 보통 그릇과 관계가 있다. 예 : 盆(동이 분 ; 皿 총 9획) 盤(소반 반 ; 皿 총 15획)등이 있다.

**상관어휘** 器皿(기명) 皿秤(명칭)

**난이도** 한자능력검정시험 읽기 1급 쓰기 특급

---

血(피 혈 ; 血 - 총 6획)

**피 혈**

---

**자형해설** 그릇(皿 명)자의 자형 중앙에 둥근 점이 있다. 지사자로 그릇에 피를 담아 신에게 제사하는 모습이다. 이는 고대에 제사용 희생물의 핏방울을 표시한다. 짐승의 피로 제사를 하는 방식을 "血祭(혈제)"라고 했다.

**상관어휘** 血液(혈액) 多血質(다혈질)

**난이도** 한자능력검정시험 읽기 4급 II 쓰기 4급

---

**缶**
장군 **부**

缶(장군 부 ; 缶 – 총 6획)

---

[자형해설] "장군"은 술이나 물 등 액체를 담아 옮길 때 사용하는 나무나 토기로 만든 용기다. 缶(부)자의 자형은 액체를 담은 옹기의 모습이다. 상부는 "뚜껑"이고 하부는 "용기"이다. 한자 중에 缶(부)자를 사용한 편방은 대부분 옹기와 관련이 있다. 예: 缸(항아리 강), 陶(질그릇 도) 등이 있다.

[상관어휘] 瓦缶(와부)  水缶(수부)

[난 이 도] 한자능력검정시험 읽기 특급

---

**釜**
가마 **부**

釜(가마 부 ; 金 – 총 10획)

---

[자형해설] 가마 釜(부)는 고대의 취사도구다. 金文(금문)은 의미를 표시하는 缶(장군 부)를 따랐고 父(부)자는 발음을 나타낸다. 小篆(소전)은 缶(부)자를 쇠 金(금)자로 바꾸었다. 楷書(해서)에서 金(금)자의 첫 두획을 생략했다.

[상관어휘] 釜山(부산)  釜竹(부죽)

[난 이 도] 한자능력검정시험 읽기 1급 쓰기 1급

---

**鬲**

**막을 격 / 솥 력**

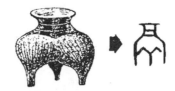

鬲(막을 격[솥 력] ; 鬲 획)

---

**자형해설** 솥 鬲(력)자는 고대에는 음식을 조리하는 도구였다. 자형은 다리가 세 개로 중간이 비어있어 불을 땔 수 있었다. 단독으로 상용하는 어휘가 매우 드물다. 죽 鬻(죽)자에 이 용기의 모습이 남아있다. 후에 "막다"라는 의미를 표현하면서 사이 뜰 隔(격)자와 통용했다.

**난 이 도** 한자능력검정시험 읽기 특급

---

 **한자상식**

**類似字型**

| | | | |
|---|---|---|---|
| 氷水(빙수) | 氷(얼음 빙) | 今日(금일) | 今(이제 금) |
| 永久(영구) | 永(길 영) | 命令(명령) | 令(영 령) |
| | | | |
| 延期(연기) | 延(끌 연) | 烏鵲(오작) | 烏(까마귀 오) |
| 朝廷(조정) | 廷(조정 정) | 鳥類(조류) | 鳥(새 조) |
| | | | |
| 傳達(전달) | 傳(전할 전) | 促進(촉진) | 促(재촉할 촉) |
| 師傅(사부) | 傅(스승 부) | 捕捉(포착) | 捉(잡을 착) |

**故事成語**

風餐露宿(풍찬노숙)                                     陸游 「壯子吟」
바람과 이슬을 무릅쓰고 한데서 먹고 잠, 큰일을 이루려는 사람이 고초를 겪음.

投井下石(투정하석)                          唐·韓愈 「柳子厚墓志銘」
우물에 돌을 던지다. 다른 사람이 위기에 있을 때 그 틈을 노려 공격함.

鷽鳩笑鵬(학구소붕)                                    『莊子·逍遙遊』
작은 비둘기가 큰 붕새를 보고 웃는다. 소인이 군자의 업적과 행위를 비웃는다는 뜻.

邯鄲之步(한단지보)                                     『莊子·秋水』
함부로 남의 흉내를 내어 자기의 본분을 잊어버림. 혹은 자기의 힘을 생각지 않고 사
람의 흉내를 내어 이것저것 탐내다 하나도 얻지 못하는 것을 비유

莊子曰, 一日不念善, 諸惡皆自起.　　　　　　　　　　『明心寶鑑・繼善篇』

장자가 말했다. "하루라도 선을 생각하지 아니하면, 모든 악이 모두 저절로 일어난다."

　　念 : 생각할 념, 생각하다.　　　　　　諸 : 모든 제, 여러(之於의 준말)
　　皆 : 다 개, 모두.　　　　　　　　　　自 : 스스로, 저절로.


太公曰, 見善如渴, 聞惡如聾.　　　　　　　　　　『明心寶鑑・繼善篇』

태공망이 말했다. "선을 보기를 목마른 것 같이 하고, 악을 듣기를 귀머거리 같이
하라."

　　太公 : 태공망(太公望), 본명은 강상(姜尙), 강태공(姜太公)이라는 별칭도 있다.
　　　　　　주(周)나라 초기의 공신으로, 무왕을 도와 은나라를 멸망시켜 천하를 평
　　　　　　정하고 제(齊)나라 시조가 되었다.
　　如 : 같을 여 ~와 같다.　　　　　　　渴 : 목마를 갈, 갈증.
　　聾 : 귀머거리 롱, 귀가 먹다.　　　　須 : 모름지기 수, 마땅히.

| 風 | 餐 | 露 | 宿 | 邯 | 鄲 | 之 | 步 |
|---|---|---|---|---|---|---|---|
| 바람 **풍** | 먹을 **찬** | 이슬 **로** | 묵을 **숙** | 고을이름 **한** | 조나라 서울 **단** | 갈 **지** | 걸음 **보** |

| 바람과 이슬을 무릅쓰고 한데서 먹고 잠, 큰일을 이루려는 사람이 고초를 겪음. | | | | 함부로 남의 흉내를 내어 자기의 본분을 잊어버림. | | | |
|---|---|---|---|---|---|---|---|
| 風 | 餐 | 露 | 宿 | 邯 | 鄲 | 之 | 步 |
| 風 | 餐 | 露 | 宿 | 邯 | 鄲 | 之 | 步 |
| | | | | | | | |
| | | | | | | | |
| | | | | | | | |
| | | | | | | | |
| | | | | | | | |
| | | | | | | | |

## 第二十課

# 住

### 生活漢字

---

#### 建築用語

韓屋　草家　窓戸　木手　大木　小木　上梁式　木材　石材　金剛松
四塊石　階段　基壇　洋屋　鐵筋　構造　建設　設計　監理　補修工事
大門　天井　居室　寢室　玄關　複道　庭園

---

본과에서는 衣食住(의식주) 중에서 住(주)에 관련된 한자를 공부해본다. 住(주)와 관련
된 부수로는 宀(면) 广(엄) 穴(혈) 戸(호) 門(문) 高(고) 爿(장) 등이 있다.

집 宀(면)자는 고대 움막 집 모양으로 땅에 구멍을 파고 그 위에 텐트 모양으로 지붕을
만들어 덮은 모습이다. 宀(면)자와 결합하는 글자는 모두 집과 연관이 있다.

**宣**

베풀 선

宣(베풀 선 ; 宀 - 총 9획)

**자형해설** 宣(선)자의 자형은 집 宀(면)자는 宮室(궁실)을 의미하고 걸칠 亘(궁)자는 말려있는 죽간(竹簡)의 모습으로 신하들이 성지를 낭독하는 모습이다. 갑골문 중간의 지사부호는 말린 죽간을 펼치는 것을 표시한다.

**상관어휘** 宣布(선포)  宣敎(선교)

**난 이 도** 한자능력검정시험 읽기 4급 쓰기 3급 II

---

**宮**

집 궁

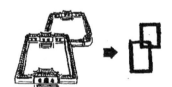

宮(집 궁 ; 宀 - 총 10획)

**자형해설** 宮(궁)자의 갑골문 자형은 서로 연결된 두 개의 사각형(呂)으로 궁궐의 연결된 건축물을 표시했고 金文(금문)은 집을 의미하는 집 宀(면)자를 추가하여 宮(궁)자의 글자의 의미를 더욱 명확하게 표시했다. 宮(궁)자의 본의는 비교적 큰 집 혹은 건물 집단을 가리킨다.

**상관어휘** 宮闕(궁궐)  宮室(궁실)

**난 이 도** 한자능력검정시험 읽기 4급 II 쓰기 4급

# 富

**부자 부**

富(부자 부 ; 宀 - 총 12획)

---

**자형해설** 富(부)자의 갑골문 자형은 방안에 술단지가 놓여있다. 이는 생활이 풍족함을 설명한다. 글자의 상부 宀(면)자는 의미를, 하부는 발음을 표시한다.『說文(설문)』에 富(부)자는 "준비하다". "두텁다"라고 해석했다. 나중에 재물이 많음을 나타냈다.

**상관어휘** 富裕(부유)  猝富(졸부)

**난 이 도** 한자능력검정시험 읽기 4급Ⅱ 쓰기 4급

---

# 床

**상 상**

床(상 상 ; 广 - 총 7획)

---

**자형해설** 床(상)자는 원래 나뭇조각 爿(장)자다. 爿(장)자의 자형은 잠을 자는 寢牀(침상)을 90도 회전시킨 모습니다. 그러므로 본의는 침대. 소전에서 木(목)자가 추가되어 침상이 목재로 만들어진 것을 나타낸다. 병(病)자와 함께 "병상(病床)"으로 사용되는 것을 보면 그 의미를 알 수 있다.

**상관어휘** 寢牀(침상)  平床(평상)

**난 이 도** 한자능력검정시험 읽기 4급Ⅱ 쓰기 4급

---

牆

담 장

牆(담 장 ; 土 - 총 16획)

---

**[자형해설]** 牆(장)자의 자형은 아낄 嗇(색)자와 발음을 나타내는 爿(장)자가 합쳐진 모습이다. 그 의미는 "담장을 건축해 곡식을 저장하다"이다. 아낄 嗇(색)은 원래 곡식을 수확하여 倉庫(창고 : 回)에 보관한다는 의미가 있다. 즉 곡식을 보관한 창고에 다시 나무(爿 장)로 담장 경계를 세워 지키는 모습이다.

**[상관어휘]** 牆壁(장벽)　牆垣(장원)

**[난 이 도]** 한자능력검정시험 읽기 특급 쓰기 특급

---

妝

꾸밀 장

妝(꾸밀 장 ; 女 - 총 7획)

---

**[자형해설]** 妝(장)자는 형성자로 여자(女)는 의미를, 나뭇조각 爿(장)자는 발음을 표시한다. 고문에서는 粧(꾸밀 장)으로 쓰기도 했다. 갑골문 妝(장)자의 자형은 여인이 침대 앞에서 화장하는 모습이다. 소전까지는 갑골문의 형태를 사용했으나 예서부터는 현재의 형태를 갖추게 되었다.

**[상관어휘]** 裝飾(장식)　丹粧(단장)

**[난 이 도]** 한자능력검정시험 읽기 4급 쓰기 3급 Ⅱ

---

# 廣

넓을 광

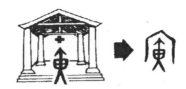

廣(넓을 광 ; 广 - 총 15획)

**자형해설** 집 广(엄)은 한쪽 벽이 없는 집이나 한쪽 벽을 언덕에 붙여 지은 집의 모습이다. 廣(광)자의 자형은 원래 집 宀(면)자와 누를 黃(황)자로 되어 있다. 갑골문 黃(황)자의 모습은 寅(인)자로 화살과 군사를 훈련하는 장소다. 그러므로 본의는 사방에 벽이 없는 넓은 집이다. 金文(금문) 이후 宀(면)자가 기슭 厂 (엄)자나, 집 广(엄)자로 바뀌었다. 이후 의미가 변해 "크다", "넓다"는 뜻을 갖게 되었고 나중에 "많다", "광범위하다"는 의미를 표현했다.

**상관어휘** 廣野(광야)  廣場(광장)

**난 이 도** 한자능력검정시험 읽기 5급Ⅱ 쓰기 5급

---

# 庫

곳집 고

庫(곳집 고 ; 广 - 총 10획)

**자형해설** 庫(고)자의 자형은 『說文(설문)』에 집안에 전차를 숨긴 모습이다. 집 广(엄) 은 절벽에 의지해 지은 집으로 비교적 은밀하여 전차와 병기를 저장할 수 있 다. 나중에 양식이나 금전 창고 등을 지칭하게 되었다.

**상관어휘** 倉庫(창고)  武器庫(무기고)

**난 이 도** 한자능력검정시험 읽기 4급 쓰기 3급Ⅱ

## 穴
**구멍 혈**

穴(구멍 혈 ; 穴 - 총 5획)

---

**자형해설** 穴(혈)자의 자형은 『說文(설문)』에서는 "흙집"모양이다. 갑골문과 金文(금문)에는 穴(혈)자의 자형은 큰 돌덩이를 서로 맞 댄 모습으로 돌 밑에 구멍이 있다. 즉 거대한 암반 동굴이다.

**상관어휘** 穴居(혈거)  穴處(혈처)

**난 이 도** 한자능력검정시험 읽기 3급Ⅱ 쓰기 3급

---

## 穿
**뚫을 천**

穿(뚫을 천 ; 穴 - 총 9획)

---

**자형해설** 穿(천)자의 자형은 하반부는 牙(아)자로 상하 교차된 쥐의 이빨을 가리킨다. 상반부는 구멍 穴(혈)자로 동굴을 말한다. 쥐가 날카로운 이로 구멍을 잘 뚫는 모습이다. 본의는 "뚫어서 구멍을 내다", "뚫어서 침투하다"이다.

**상관어휘** 穿孔(천공)  穿刺(천자)

**난 이 도** 한자능력검정시험 읽기 1급 쓰기 특급

---

# 高
높을 고

高(높을 고 ; 高 - 총 10획)

**자형해설** 高(고)자의 자형은 높은 누각으로 상부는 뾰족한 지붕, 중간은 성루, 하층의 건축물 중간에 문의 입구가 있다. 본의는 멀리 조망하여 경계를 하는 다층 누각이다. 원래 이런 자형은 "높다"는 의미를 표시한다.

**상관어휘** 高尙(고상)　最高(최고)

**난이도** 한자능력검정시험 읽기 6급Ⅱ 쓰기 6급

---

# 亭
정자 정

亭(정자 정 ; 亠 - 총 9획)

**자형해설** 亭(정)자의 구성은 의미를 나타내는 높을 高(고 ; 일부 생략)자로 담과 창문이 없고 소리를 나타내는 丁(정)자로 구성되었다. 丁(정)자는 남자 혹은 여행객을 대신한다. 본의는 "고대에 길 옆에 여행객들이 쉬어가도록 만든 장소"다.

**상관어휘** 八角亭(팔각정)　老人亭(노인정)

**난이도** 한자능력검정시험 읽기 3급Ⅱ 쓰기 3급

---

# 喬
## 높을 교

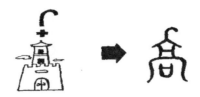

喬(높을 교 ; 口 - 총 12획)

**자형해설** 喬(교)자는 『說文(설문)』에는 "높고 구부러짐"이라고 했다. 갑골문 상부에 구부러진 지사부호는 누각 정상부의 장식물이다. 높은 것을 강조하는 의미다. 金文(금문)은 異體(이체)가 많다. 小篆(소전)은 다시 변해 夭(요)자와 高(고)자의 결합으로 지금의 자형을 만들었다.

**상관어휘** 喬松(교송) 喬嶽(교악)

**난 이 도** 한자능력검정시험 읽기 1급 쓰기 특급

---

# 戶
## 외짝 문 호

戶(외짝 문 ; 戶 - 총 4획)

**자형해설** 戶(호)자의 갑골문 자형은 회전하는 외짝 문 모습이다. 小篆(소전)과 隷書(예서)를 거치면서 자형이 점차 변화하여 의미를 알 수 없게 되었다. 지금은 "거주자"를 가리킨다.

**상관어휘** 家家戶戶(가가호호) 戶口(호구)

**난 이 도** 한자능력검정시험 읽기 4급Ⅱ 쓰기 4급

**所**

**바 소**

所(바 소 ; 戶 - 총 8획)

**자형해설** 所(소)자는 소리를 표시하는 戶(호)자와 의미를 표시하는 도끼 斤(근)자로
구성되었다. 즉 나무를 잘라 집(戶)을 짓는 것이다. 『說文(설문)』에서 所
(소)자는 "벌목을 하는 소리"라고 했다.

**상관어휘** 場所(장소)   所有(소유)

**난 이 도** 한자능력검정시험 읽기 7급 쓰기 6급 II

---

**扁**

**넓적할 편**

扁(넓적할 편 ; 戶 - 총 9)

**자형해설** 扁(편)자의 자형은 『說文(설문)』에 "扁(편)은 쓰다(署)는 뜻이다. 戶(호)와
册(책)으로 이루어 졌다. 戶册(호책)은 문 위에 글을 쓰는 것이다(扁, 署也.
從戶册. 戶册者, 署門戶之文也)."라고 했다. 扁(편)은 평평할 匾(편)자의
본래자다. 현재는 匾額(편액)이란 단어도 있다. 본의는 "문 위에 글자를 쓰
다"이다.

**상관어휘** 扁鵲(편작)   扁平(편평)

**난 이 도** 한자능력검정시험 읽기 1급 쓰기 1급

## 門
### 문 문

門(문 문 ; 門 - 총 8획)

---

**자형해설** 門(문)자의 자형은 갑골문과 金文(금문) 모두 두 개의 여닫이 문 모습이다. 일부 자형은 문 위에 긴 횡목이 있어 진짜 열고 닫을 수 있는 문처럼 보인다. 전형적인 상형자다.

**상관어휘** 門閥(문벌)  東大門(동대문)

**난 이 도** 한자능력검정시험 8급

---

## 闢
### 열 벽

闢(열 벽 ; 門 - 총 21획)

---

**자형해설** 金門(금문)의 闢(벽)자의 자형은 두 손으로 문을 여는 모습으로 회의자다. 小篆(소전)부터 문 門(문)자와 임금 辟(벽: 성벽)을 사용한 형성자가 되었다. 본의는 "열다"이다. 여기서 의미가 발전하여 "개척하다", "배제하다"가 되었다.

**상관어휘** 開闢(개벽)  闢土(벽토)

**난 이 도** 한자능력검정시험 읽기 1급 쓰기 특급

---

## 類似字型

| | | | |
|---|---|---|---|
| 沸騰(비등) | 沸(끓을 비) | 貧賤(빈천) | 貧(가난할 빈) |
| 支拂(지불) | 拂(떨 불) | 貪慾(탐욕) | 貪(탐할 탐) |
| | | | |
| 恩師(은사) | 師(스승 사) | 宣傳(선전) | 宣(베풀 선) |
| 元帥(원수) | 帥(장수 수, 솔) | 宜當(의당) | 宜(마땅할 의) |
| | | | |
| 姓名(성명) | 姓(성 성) | 侍從(시종) | 侍(모실 시) |
| 男性(남성) | 性(성품 성) | 接待(접대) | 待(기다릴 대) |

## 故事成語

割鷄焉用牛刀(할계언용우도)　　　　　　　　　　　　　『論語·陽貨』

닭 잡는데 소 잡는 칼을 쓸 필요가 없다. 작은 일 처리에 큰 인물의 손을 빌릴 필요가 없다는 비유.

亢龍有悔(항룡유회)　　　　　　　　　　　　　『周易·乾卦·爻辭』

항룡(亢龍)은 하늘 끝까지 올라간 용. 더 이상 올라갈 수 없어 이젠 내려갈 도리밖에 없다는 의미. 부귀가 극에 달하면 망할 위험이 있으니 조심하라는 말.

螢雪之功(형설지공)　　　　　　　　　　　　　『晉書·車胤傳』

차윤이 반딧불(螢)로 글을 읽고 손강(孫康)이 눈 빛(雪)으로 글을 읽었다는 고사에서 온 말로 고생해서 공부한 공이 결실을 맺음을 비유한 말.

狐假虎威(호가호위)　　　　　　　　　　　　　『戰國策·楚策』

여우가 호랑이이 위세를 빌려 호기를 부림. 남의 힘을 빌려 거짓 위세를 부림.

糊口之策(호구지책)　　　　　　　　　　　　　　　　　　　　　『列子·說符』

입에 풀칠하는 대책. 즉 먹고 살 방법과 수단.


和光同塵(화광동진)　　　　　　　　　　　　　　　　　　　　　　　『老子』

화광(和光)은 빛을 감추는 일, 동진(同塵)은 속세의 티끌과 같이 한다는 뜻. 자기의 지혜를 자랑함 없이 세속을 따름을 말한다.


## 名言 / 格言


爲善者, 天報之以福. 爲不善者, 天報之以禍.　　　　　　　　『明心寶鑑』

착한 일을 하는 사람은 하늘이 복으로써 갚고, 나쁜 일을  하는 사람은 하늘이 재앙으로써 갚는다.

爲 : 할 위, 행동하다.　　　　　　　　善 : 착할 선, 좋음
以 : 써 이 ; ~로써 수단과 방법.　　　禍 : 재화 화, 재난.
~者 : ~하는 것, ~하는 사람(놈 자).


漢昭烈將終, 勅後主曰, 勿以惡小而爲之, 勿以善小而不爲.

　　　　　　　　　　　　　　　　　　　　　　　　　　　『明心寶鑑』

한나라 소열제가 죽음에 이르러서 후주(유선)에게 조칙을 내렸다. "악이 작다고 하더라도 행하지 말고, 선이 적다고 해서 행하지 않으면 안 된다."

漢昭烈 : 한나라 소열제, 즉 劉備(유비), 昭 밝을 소
將 : 장차 장, 장차 ~하려고 한다.
終 : 끝낼 종. 죽다.
勅 : 조서 칙, 조서를 내리다,
後主 : 후주(뒤를 이을 군주), 유비의 아들 유선을 말함
勿 : 말 물. 금지를 나타냄.

| 螢 | 雪 | 之 | 功 | 狐 | 假 | 虎 | 威 |
|---|---|---|---|---|---|---|---|
| 개똥벌레 **형** | 눈 **설** | 갈 **지** | 공 **공** | 여우 **호** | 거짓 **가** | 범 **호** | 위엄 **위** |

| 반딧불과 눈을 빌어 공부하다. 즉 고생해서 공부한 공이 결실을 맺음을 비유한 말. | 여우가 호랑이 힘을 이용해 위세를 부림. 남의 힘을 빌려 거짓 위세를 부림. |
|---|---|

| 螢 | 雪 | 之 | 功 | 狐 | 假 | 虎 | 威 |
|---|---|---|---|---|---|---|---|
| 螢 | 雪 | 之 | 功 | 狐 | 假 | 虎 | 威 |
|  |  |  |  |  |  |  |  |
|  |  |  |  |  |  |  |  |
|  |  |  |  |  |  |  |  |
|  |  |  |  |  |  |  |  |
|  |  |  |  |  |  |  |  |
|  |  |  |  |  |  |  |  |

편저자 약력

┃이 경 규

　강원대학교 중어중문학과 교수
　대만대학교 중국문학 박사
　EBS 초급 중국어 중급중국어 방송 (2001년~2004년)
　고문허사사전(제이앤씨), 중국인의 감정표현법(강원대학 출판부),
　인터넷으로 배우는 중국어(제이앤씨), 중국어 관용구 300(제이앤씨)

## 한자의 이해

| | |
|---|---|
| 초 판 인 쇄 | 2019년 02월 11일 |
| 초 판 발 행 | 2019년 02월 15일 |
| 편 저 자 | 이 경 규 |
| 발 행 인 | 윤 석 현 |
| 발 행 처 | 제이앤씨 |
| 책 임 편 집 | 최 인 노 |
| 등 록 번 호 | 제7-220호 |
| 우 편 주 소 | 서울시 도봉구 우이천로 353 성주빌딩 3층 |
| 대 표 전 화 | 02) 992 / 3253 |
| 전　　　송 | 02) 991 / 1285 |
| 홈 페 이 지 | http://www.jncbms.co.kr |
| 전 자 우 편 | jncbook@hanmail.net |

ⓒ 이경규, 2019 Printed in KOREA.

ISBN 979-11-5917-137-6  (13720)　　　　　　　　　　　정가 18,000 원